널리 알리는 직업 Ⅱ
언론인 · 방송인

· 이 책에서 다루는 직업 ·

언론인 ── 기자
　　　　├─ 논설위원
　　　　├─ 칼럼니스트
　　　　└─ 뉴스 캐스터

방송인 ── 아나운서
　　　　├─ 성우
　　　　├─ 피디
　　　　├─ 방송 작가
　　　　├─ 촬영 기사
　　　　├─ 조명 기사
　　　　├─ 방송 음악인
　　　　├─ 세트 전문가
　　　　├─ 분장사
　　　　└─ 의상 코디네이터

미래를 여는
경이로운 직업의 역사

널리
알리는
직업 Ⅱ

언론인 · 방송인

박민규 지음

내가 정말로 원하는 직업은 무엇일까?

'선생님'이 되어 아이들을 가르치고 싶은 사람도 있고, '의사'가 되어 아픈 사람을 치료해 주고 싶은 사람도 있고, '경찰관'이 되어 범죄를 저지른 사람을 잡고 사람들을 돕고 싶은 사람도 있을 것입니다. 선생님, 의사, 경찰관이 '된다'는 것은 바로 선생님, 의사, 경찰관이라는 '직업을 가진다'는 의미입니다.

우리는 저마다 자신의 희망, 적성, 능력에 따라 직업을 가집니다. 직업이란 사람이 경제적 보상을 받으면서 자발적으로 하는 지속적인 활동입니다. 직업을 가지게 되면 기본적인 경제생활을 할 수 있는 소득을 얻고, 사회 발전에 이바지할 수도 있고, 무엇보다도 자기가 가지고 있는 꿈을 실현할 수 있습니다. 그래서 한 사람이 살아가기 위해서는 '직업'을 가지는 것이 매우 중요합니다.

직업을 가지려면 먼저 그 직업이 하는 일은 무엇이며, 그 일을 잘하기 위해서는 어떤 능력이 필요하고, 사회에서 하는 역할이 무엇인지

아는 것이 중요합니다. 그래야 자신의 꿈을 이룰 수 있는 직업을 선택하고, 그 직업에 필요한 능력을 미리 갖출 수 있기 때문입니다.

　2021년 기준 한국에는 약 1만 7천여 개의 직업이 있고, 해마다 새로운 직업이 생겨나고 있습니다. 수많은 직업 중에서도 특히 많은 사람이 관심을 갖는 직업들이 있습니다. 우리는 이 직업들이 처음에 어떻게 생겨났고, 시대의 변화에 따라 바뀐 점과 바뀌지 않은 점이 무엇인지 살펴볼 것입니다. 달라진 점을 살펴보면 그 직업이 앞으로 어떻게 변해 갈지를 예측해 볼 수 있습니다. 또한, 달라지지 않은 점을 바탕으로 그 직업의 진정한 의미와 가치를 찾아낼 수 있을 것입니다.

　이 책이 여러분에게 '내가 정말로 원하는 직업이 무엇인지' 생각해 보고, 미래를 준비하는 데 도움이 되기를 바랍니다.

뉴스와 콘텐츠를 널리 전하는 직업

인류는 오랜 옛날부터 새로운 소식을 다른 사람에게 퍼트렸습니다. 사람들이 많이 모이는 장터나 광장은 저마다 자기가 들은 뉴스와 재미있는 이야기를 나누는 곳이었습니다. 문자를 사용하면서 뉴스를 글로 적어 멀리 떨어진 사람에게 알리기 시작했습니다. 남들보다 먼저 뉴스를 알면 권력을 얻거나 사업을 할 때 유리했습니다. 뉴스를 원하는 권력자와, 부유한 상인에게 돈을 받고 뉴스를 전하는 사람이 등장했습니다. 인쇄술이 발전하자 뉴스를 대량으로 빠르게 인쇄해 알릴 수 있었습니다. 19세기 말 이후 과학 기술이 발전해 전파에 소리와 영상을 담을 수 있게 되었습니다. 이제 우리는 같은 이야기를 수십, 수백만 명이 동시에 듣고 볼 수 있는 시대를 살고 있습니다.

이 책은 뉴스를 수집하고, 정리하고, 인쇄해서 여러 사람에게 알리는 '언론인', 다양한 콘텐츠를 만들고, 이를 소리나 영상으로 전하는

'방송인'이 하는 일을 자세히 알아봅니다. 먼저 그 일이 언제, 어떻게 탄생해서 오늘에 이르렀는지 살펴봅니다. 다음으로 현재 상황은 어떤지, 그리고 미래에는 어떻게 달라질지를 예측합니다. 부록에서는 어떻게 하면 그 직업을 가질 수 있는지 소개합니다.

시간이 흐르면서 여러 직업이 겉으로 드러나는 모습이 어떻게 달라지는지, 하는 일의 본래 의미가 무엇인지, 변한 것은 무엇이고 변하지 않는 것은 무엇인지, 인류 발전에 어떻게 이바지했는지를 이해한다면, 직업을 지금까지와는 다른 시각에서 볼 수 있을 것입니다. 또한 현재와 미래를 살펴 그 직업에 필요한 자질이 무엇인지, 어떤 준비를 해야 하는지, 앞으로 어떤 발전 가능성이 있는지도 알 수 있을 것입니다.

무엇보다도 책을 읽는 청소년들이 직업의 본래 의미를 이해해서 앞으로 어떤 직업을 선택하든지 자기가 하는 일에 보람을 느끼고 즐겁게 살아가기를 기대합니다.

미래를 여는 경이로운 직업의 역사 | 내가 정말로 원하는 직업은 무엇일까? · 4

들어가는 말 | 뉴스와 콘텐츠를 널리 전하는 직업 · 6

1부 뉴스를 알리는 언론인

언론과 언론인의 탄생 · 13

고대 그리스와 로마 언론 · 15

고대 중국 언론 · 21

우리나라 고대 언론과 소통 · 23

중세 언론의 변화 · 25

중세 서양의 뉴스 전달 · 27

인쇄 신문의 탄생과 발전 · 32

흔들리는 유럽 언론 · 43

왕조 시대 중국 언론과 언론인 · 56

우리나라 언론과 언론인 · 69

근대에 피어난 언론 · 75

새로워진 서양 언론 · 77

중국에 들어간 서양 언론 · 93

우리나라 근대 언론 탄생 · 102

20세기 이후 언론 · 115

　자본과 전쟁이 바꾼 서양 언론 · 117

　신해혁명 이후 중국 언론 발전 · 127

　일제 강점기 고난을 견뎌낸 우리 언론 · 131

　대한민국 수립 이후 언론 발전 · 138

오늘날과 미래의 언론인 · 149

　변화하는 언론과 언론 소비자 · 151

　미래에 언론은 어떻게 변할까? · 161

부록│어떻게 언론인이 될 수 있나요? · 166

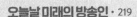

2부 소리와 영상으로 콘텐츠를 전하는 방송인

방송과 방송인의 등장 · 175

　과학 기술 발전이 만들어낸 방송 · 177

　서양 방송과 방송인 · 183

　중국 방송과 방송인 · 192

　우리나라 방송과 방송인 · 200

오늘날 미래의 방송인 · 219

　변화하는 방송과 방송인 · 221

　미래에 방송과 방송인은 어떻게 변할까? · 230

부록│어떻게 방송인이 될 수 있나요? · 235

1부

뉴스를 알리는 언론인

언론과
언론인의 탄생

문자도 없었던 시절부터 인류는 자기가 아는 소문과 소식을 나누었다. 문자가 발명된 후에도 말과 노래는 한동안 뉴스를 알리는 강력한 수단이었다. 그래서 지배층은 민중의 입에 오르내리는 뉴스에 귀를 기울여 여론을 살폈다.

고대 그리스와 로마 언론

뉴스 전하기

뉴스란 흥미롭고 유익한 정보를 담고 있는 새로운 소식이다. 우리는 매일 신문이나 방송, 인터넷 사이트, 아는 사람 등으로부터 뉴스를 얻는다. 뉴스는 몰랐던 사실을 알려주고, 유익하고, 재미있고, 때로는 감동을 준다.

인류는 오래전부터 뉴스를 다른 사람에게 퍼트렸다. 누가 시키지 않아도, 문자가 없었을 때도 사람들은 뉴스를 모으고, 고르고, 전달했다. 주로 사람이 많이 모이는 모닥불 주변, 우물가, 마을 공터에서 차를 마시고 담배를 나눠 피우며 뉴스를 나눴다. 외부에서 여행자가 찾아오면 마을 주민이 모여 잔치를 벌였다. 여기서 새 소식을 들은 사람들은 저마다 흩어져 이야기를 전했다. 시장이나 마을 잔치는 공개적인 뉴스 교환 장소였다.

부족장이나 왕이 직접 뉴스를 전하기도 했다. 대개 왕에게 유리한 뉴스를 전하기 위해 발이 빠른 사람을 뽑았다. 이들은 지방 곳곳으로 달려가 마을 광장에서 큰소리로 뉴스를 외쳤다.

고대 그리스 뉴스

사람은 '언어'라는 수단을 통해 서로의 생각과 의견을 주고받는다. 언어에는 '말'과 '글'이 있다. 말은 입 밖으로 나오는 순간 사라진다. 말이 사라지지 않게 보존하기 위해 글(문자)을 만들었다. 문자 덕분에 지식이 쌓였고, 지식의 축적은 문명의 발전을 이끌었다.

입에서 입으로 전해지던 뉴스도 문자로 기록되기 시작했다. 메소포타미아 '누주 마을' 시장의 잘못을 기록한 기원전 2000년경 석판이 발견되었다. 기원전 7세기경 그리스인들은 공공건물 벽에 법령을 새긴 석판을 걸어두었다. 당시 뉴스를 글로 쓰긴 했지만, 읽고 쓸 줄 아는 사람은 별로 없었다. 그래서 글보다 말로 퍼지는 소문과 뉴스가 더 중요했다.

뉴스를 전하는 사람들

뉴스는 현재 벌어지고 있는 소식이다. 인쇄술이 발전하지 않았던 예전에는 글보다 말이 뉴스를 빨리 전했다. 국가는 전쟁이 벌어지면 용기 있고 날랜 사람을 '전령'으로 뽑았다, 전령은 명령을 전달하고, 도움을 청하고, 전투의 결과를 전했다.

'뉴스 크라이어'는 정해진 길을 따라 마을을 돌며 뉴스를 전달했다. 이들은 큰 목소리로 알아듣기 쉬운 말을 써서 뉴스 내용을 외쳤다. 어찌 보면 연설과 비슷했다.

'유랑시인'은 뉴스와 이야기를 가사로 노래를 만들었다. 주로 큰 도시를 돌며 광장이나 시장에서 공연했다. 이들의 노래는 뉴스 전달 수단이었다.

군인도 뉴스를 전달하는 사람이었다. 전쟁에 승리하면 왕은 군인에게 휴가를 주었다. 군인은 전쟁에서 얻은 각종 물품을 가지고 고향에 돌아갔다. 자연스럽게 군인이 돌아간 고향에는 국가가 전쟁에서 이겼다는 소식이 퍼졌다.

기원전 490년 마라톤 들판에서 아테네와 페르시아 사이에 전투가 벌어졌다. 아테네는 스파르타에 도움을 청하는 전령을 보냈다. 전령 페이디피데스는 이틀 동안 200km를 달려 임무를 완수했다. 훗날 페이디피데스의 이야기는 아테네군의 승리를 도시에 전한 후 목숨을 잃었다는 식으로 바뀌었다. 페이디피데스를 기념하는 장거리 달리기 대회는 전투가 벌어졌던 들판의 이름을 따 '마라톤'이 되었다.

프랑스의 화가 뤽 올리비에 머슨이 그린 페이디피데스가 그리스의
승리 소식을 전하는 그림(1869)

편지를 이용해 뉴스를 전달한 로마

말로 된 뉴스는 빠르지만 부정확했다. 멀리 떨어진 곳일수록 말이 전해지는 중간에 이야기가 빠지거나 변할 수 있다. 글로 된 뉴스는 아무리 멀리 떨어진 곳으로 전달하더라도 내용이 바뀌지 않는다. 로마

는 제국 전역을 빈틈없이 연결한 도로로 물자와 군대가 빠르게 이동했다. 중앙 정부의 명령을 담은 문서와 지방 사정을 알리는 보고서뿐 아니라 개인 간의 편지도 빈번히 오고 갔다.

개인 편지는 중요한 뉴스 매체였다. 각 지역의 총독 같은 고위 관리는 로마의 친지로부터 자주 편지를 받았다. 개인적인 일은 물론 정치적, 사회적으로 중요한 뉴스도 편지를 보고 알 수 있었다. 아예 돈을 받고 정보와 뉴스를 수집해서 보내주는 사람도 있었다. 이들은 뉴스를 모은 다음 먼 지역에 있는 정치가나 귀족 등에게 편지로 알렸다. 이것이 소식을 전하는 편지, '소식지 Newsletter'다. 소식지는 원로원 투표 같은 정치적 사건부터 검투사의 경기 결과나 시장을 떠도는 소문 같은 흥밋거리까지 다뤘다. 소식지에는 유용한 뉴스도 많았지만, 흥미 위주의 뉴스도 많았다. 이를 두고 로마의 유명한 정치가이자 작가인 키케로(기원전 106년~기원전 43년)는 소식지에 사소한 뉴스가 너무 많다고 불평했다.

로마 공식 뉴스 '악타'

'악타 acta'는 라틴어로 '사건 기록'이란 뜻이다. 원로원 senatus 은 로마를 통치하는 기구였다. 원로원의 의원들은 법을 만들고 국가 중요 정책을 결정했다. 원로원 회의 과정을 기록한 것이 '악타 세나투스 acta senatus'다.

악타 세나투스는 대중에게 공개하지 않았다. 기원전 59년, 권력을 장악한 율리우스 카이사르는 악타 세나투스를 모두가 볼 수 있도록 했다. 그는 원로원 회의 내용, 새로 만든 법률, 관리의 임명과 퇴임 같은 공식 발표를 '악타 디우르나*'에 실어 발표하게 했다. 일종의 공고문이었다. 여기에 검투사 경기 결과, 유명인의 사망, 혼인 등 일상적인 사건도 기록했다. 로마 정부는 악타 디우르나를 매일 공개했고 필경사들은 이를 베껴 팔았다. 악타 디우르나는 여행자를 통해 유럽뿐 아니라 중동 여러 지역까지 퍼졌다. 로마의 정치가는 지방 총독을 맡아 수도를 떠나더라도 악타 디우르나를 보고 주요 뉴스를 알 수 있었다. 로마는 222년까지 악타 디우르나를 발행했다.

* '악타 디우르나 포풀리 로마니', 줄여서 '악타 디우르나', '악타', '악타 우르바나' 등의 이름으로 불렀다.

고대 중국 언론

노래와 소문으로 전한 뉴스

문자가 널리 퍼지기 전 중요한 뉴스 전달 방법은 '노래'와 '소문'이었다. 사람들은 노래를 불러 뉴스를 전했다. 지배층은 노래를 수집해 백성들이 생각하는 바를 살폈다. 유교 기본 경전 『시경』은 노래를 모은 책이다. 민요, 행사에서 쓰는 공식 노래, 제사 지내는 노래 등 305편이 실려 있다. 어려운 생활을 한탄하는 노래, 백성을 못살게 구는 지배층이나 지주 비판, 정치 상황 풍자 등 당시 생활상이 담겨 있다.

사람들 입에 오르내려 전해지는 '소문'도 중요한 뉴스 전달 도구였다. "어느 마을 누구는 노인을 잘 보살핀다" "문왕이 길을 닦으려다 백골을 발견하고 후하게 장례를 치러 주었다" 등 거리나 시장에 모인 사람은 소문을 퍼트렸다. 누군가에게 해를 끼치는 거짓 소문도 있었

『시경』의 일부(한국민족문화대백과사전)

다. 이를 가리켜 인심을 소란스럽게 만드는 요사스러운 말이라 하여 '요언'이라고 했다. 국가는 요언을 퍼트리는 주모자는 처형하는 등 엄하게 단속했다. 그래도 요언을 막을 수는 없었다.

문자로 뉴스를 전한 저보

한나라 때 '저보'는 중국 최초의 문자 뉴스였다. 중국 각 지역의 제후*는 수도인 장안에 머물 숙소인 '저'를 두었다. 제후를 보필하는 관리가 저에 머물며 일을 처리했다. 저에서 근무하는 관리는 지방 정부에서 보내는 소식이나 문서를 중앙 정부에 전달했다. 또한 수도의 주요 뉴스를 지방 제후에게 알렸다. 저에서 만든 뉴스 문서를 저보라 했다. 저보는 조정 신하들의 주요 대화 내용, 황제의 언동, 중요한 명령, 주요 신하들의 집안 사정 등을 실었다.

지방 제후는 저보를 귀중하게 여겼다. 저에 속한 관리는 반드시 제때 저보를 만들어 보내야 했다. 때로는 관리가 저보를 베껴 민간에 퍼트렸기에 큰 사건은 관리가 아니더라도 알 수 있었다.

＊ 봉건 시대에 일정한 영토를 가지고 그 영내의 백성을 지배하는 권력을 가지던 귀족. 왕도 황제를 모시는 제후이다.

우리나라 고대 언론과 소통

중요한 소통 방법이었던 말과 노래

우리나라 고대 사회에서도 뉴스를 말로 전했다. 넓은 마당이나 빨래터, 나무 아래 모인 사람들이 소문을 이야기했다. 큰 마을 장터는 소문이 퍼져나가기 좋은 장소였다. 소문은 노래 형식으로 퍼지기도 했다. 지배 세력은 민심을 살피기 위해 유행하는 노래 가사를 살폈다.

목적을 달성하려고 노래와 소문을 이용하기도 했다. 우리나라의 역사책 『삼국유사』는 백제 무왕과 선화 공주 이야기를 전한다. 훗날 무왕이 되는 서동은 신라 선화 공주가 아름답다는 소문을 들었다. 그는 신라의 수도 서라벌에 몰래 들어가 아이들에게 선화 공주가 밤마다 남자를 만나고 다닌다는 동요를 부르게 했다. 이 노래가 널리 퍼지자 왕은 공주를 멀리 귀양 보냈다. 이때 서동이 나타나 공주에게 접근

했고 훗날 두 사람은 결혼했다.

또 다른 역사책『삼국사기』에는 고구려 온달 이야기가 있다. 고구려 평원왕은 울보 어린 딸의 울음을 그치기 위해 크면 바보 온달에게 시집보낸다고 이야기했다. 온달이 바보라는 소문이 저잣거리를 넘어 왕에게까지 알려진 것이다.

널리 퍼지기까지 시간이 걸렸지만, 말과 노래는 강력한 뉴스 전달 도구였다.

비석에 담은 뉴스

신라의 왕은 지방을 돌아본 다음 비석에 자기가 세운 업적을 글로 새겨 알렸다. 6세기 신라 진흥왕은 새로 넓힌 국경지대를 돌아본 다음 '순수비'라는 비석을 세웠다. 현재 창녕, 북한산, 황초령, 마운령 등

진흥왕 북한산 순수비(국립중앙박물관)

4개가 남아있다. 비석에는 왕이 이룩한 업적과 지방민에게 베푼 은혜도 기록했다. 왕을 모신 신하 이름과 관직도 남아있다. 비석은 누구나 볼 수 있는 뉴스였다. 지금은 당시 상황을 알 수 있는 역사적 자료가 되었다.

중세 언론의 변화

중세에는 편지에 뉴스를 담아 멀리 떨어진 친척, 친구, 지인에게 보냈다. 편지에 담긴 새로운 소식을 따로 떼어 돈을 받고 파는 사람이 등장했다. 이들은 중요한 뉴스를 모아 소식지를 만들어 돈을 낸 사람에게 보냈다.

인쇄 기술이 발전하면서 정기적으로 발행하는 신문이 등장하게 되었다. 신문이 발전하면서 언론을 통제하려는 정부와의 충돌을 피할 수 없었다.

중세 서양의 뉴스 전달

말과 필사로 전한 뉴스

중세 사회는 폐쇄적이었다. 사람들은 대부분 자기가 태어난 마을을 벗어나지 못했다. 만나는 사람도 늘 비슷했다. 마을 안 사사로운 일상 생활이 뉴스거리였다. 로마 시대의 악타 세나투스나 악타 디우르나 같은 문자 매체는 사라졌다. 고대 그리스 이전처럼 말로 뉴스를 전했다.

이 시기에는 음유시인이 뉴스를 전하는 주인공이었다. 11~13세기 남부 유럽에는 '트루바도르'라는 음유시인이 활약했다. 이들은 마을과 마을을 다니며 공연했다. 노래와 연주에 곁들여 그때그때의 새 소식을 전해주었다. 주민들은 세상 이야기를 전해주는 음유시인을 극진히 대접했다.

14~17세기 전령관의 모습을 묘사한 삽화

13세기 독일에는 '고슬링'이라는 풍자시가 유행했다. 풍자시는 유명 인물이나 특정 계층일 비꼬아 비난하는 시다. 누가 썼는지는 알 수 없다. 고슬링은 주로 사제나 귀족을 비난했다. 시 내용에서 나라에 일어난 큰 사건을 알 수도 있었다. 이 시를 통해 민간인들은 큰 사건을 알 수 있었다.

왕이나 영주는 '전령관'을 고용해 소식을 전했다. 전령관은 전쟁이 터지거나, 새 왕이 즉위하거나, 축제의 시작 등 공식 사건을 알렸다.

편지 뉴스의 부활

중세의 지배층은 왕과 귀족 그리고 교회 사제였다. 이들은 더 많은 권력과 이익을 쥐기 위해 다양한 정보가 필요했다. 외국에 나가 사는 외교관은 정보를 수집해 본국에 편지로 알렸다. 누가 왕위를 물려받는지, 전쟁에서 어느 나라가 이겼는지, 나라 안이 혼란스러운지 등은 중요한 뉴스였다. 정부는 받은 여러 정보를 분석한 내용을 다시 외교관에게 보냈다.

유럽 각지의 수도원이나 교회는 교황청에 편지로 여러 정보를 보냈다. 12세기 이후 교회가 주도해 대학을 만들었다. 대학 소속 교수와 학생 그리고 사제들은 활발히 편지를 주고받으며 뉴스를 교환했다.

상인과 뉴스

도시가 발전하고 경제가 성장하면서 상인도 늘어났다. 외국과 무역하는 상인에게 뉴스는 꼭 필요했다. 교역 상대국에 흉년이 들었는지, 전쟁이나 폭동이 발생했는지, 장삿길이 안전한지를 미리 알고 위험에 대비해야 했다. 예를 들어 아시아로부터 향료를 수송하는 배가 침몰하거나 해적이 배를 습격하면 유럽의 향료 가격이 크게 올랐다. 이런 뉴스를 알고 미리 준비하면 큰돈을 벌 수 있었다. 상인은 사람을 뽑아 중요한 국가와 도시에 보냈다. 이들은 현지 사정을 조사하고 뉴스를 정리해서 상인에게 편지로 알렸다. 상인은 전 세계에서 오는 뉴스를 장사에 활용했다.

편지에서 뉴스만 떼어내다

왕이나 교회, 상인들은 개인 편지로 뉴스를 받았다. 그래서 편지에는 뉴스와 상관없는 개인적인 내용도 적혀있었다. 편지를 받은 사람은 중요한 뉴스만 베껴 다른 사람에게 전했다.

편지 뒤에 따로 뉴스만 모아 덧붙이기도 했다. 뉴스만 모아둔 데는 '노이에 차이퉁', '노바', '아비시오' 등 특별히 제목을 달았다. 모두 뉴스를 뜻하는 단어였다. 처음에는 편지의 일부분이었던 뉴스는 따로 떨어져 작은 신문인 뉴스 시트가 되었다. 편지에 딸린 뉴스는 전쟁, 종교 회의, 의회, 제후, 국가 간의 회담뿐 아니라 지진, 혜성, 천재지변 등 자연 현상도 다루었다. 유럽 각국의 수도나 교역 도시를 중심으로 뉴스 시트가 퍼져나갔다.

돈을 받고 파는 뉴스의 등장

이탈리아반도 북쪽에 자리 잡은 도시 국가 베네치아는 동양 향료 무역의 중심지였다. 강대국이었던 튀르키예와 가까워 정치, 군사적으로도 중요했다. 여러 나라의 상인과 외교관, 정치가가 베네치아에 모여 있었다.

정확한 정보 수집은 상업 활동과 외교 교섭을 위해 꼭 필요했다. 베네치아 정부는 상인, 선원, 군인, 외교관 등 모든 사람으로부터 뉴스를 수집했다. 수집한 뉴스는 해외에 나가 있는 외교관에게 보내주었다. 이 중에서 특히 중요한 것만을 간추려 귀족이나 부유한 상인에게 따로 보냈다. 상인은 이 뉴스를 돈벌이에 활용했다. 자신이 얻은 뉴스를 다시 외국에 있는 회사 지점이나 대리인에게 알려주고 돈을 받았다.

푸거 가문은 독일의 큰 상인이자 사업가 가문이다. 15~16세기에 걸쳐 무역과 광산으로 큰돈을 벌었다. 황제와 왕, 교황에게 돈을 빌려주는 은행가로도 유명했다. 푸거 가문은 각국에 직원을 보냈다. 이들은 그 나라의 전쟁, 재난, 음모, 왕실의 결혼과 출산 등 현지 사정을 편지로 알려왔다. 푸거 가문은 이 편지의 중요 뉴스만을 모아 가족과 동료에게 전했다. 부유한 푸거 가문은 뉴스를 돈 주고 팔지는 않았다.

이 방식이 유행하자 몇몇은 아예 뉴스만을 떼어 사업으로 삼았다. 이들은 현지에서 뉴스를 모아 전달하는 '통신원'으로부터 정치, 상업, 해운, 물가, 도로 사정 등을 수집했다. 수집한 뉴스를 정리해 원하는 사람에게 돈을 받고 팔았다. 뉴스 사업을 하는 사람끼리 모여 조합을 만들어 사업 규모가 커졌다.

1550년 이후 베네치아의 정보 사업자는 '가제타'라는 뉴스를 발행했다. 영국 런던의 공공기록물 관리소에는 1550년대 베네치아의 가제타가 남아있다. 가제타는 일정한 형식을 갖춘 다양한 뉴스를 담고 있으며 매주 1회 발행되었다. 근대 '신문'과 비슷했다.

인쇄 신문의 탄생과 발전

인쇄술과 신문

1440년대, 독일의 금 세공업자인 요하네스 구텐베르크(1398?~ 1468)는 문서를 편하게 대량으로 인쇄하는 방법을 고안했다. 구텐베르크의 인쇄술은 유럽 전역으로 빠르게 퍼져나갔다. 1500년경에는 약 900만 권 정도의 책을 인쇄했다.

미국에서 재현한 구텐베르크 인쇄기
(국제인쇄박물관)

뉴스를 담은 문서도 인쇄하기 시작했다. 자동 인쇄 기술의 도입으로 비로소 제대로 된 신문이 등장했다. 정기적으로 발행하고, 여러 뉴스를 싣고 있으며, 일정한 형식을 갖추고, 대량으로 인쇄해서 배포한 뉴스 문서를 신문이라 한다. 앞서 등장한 가제타는 신문이 아닌 소식지 혹은 뉴스 시트라 했다. 손으로 베껴서는 많이 보급할 수 없었기 때문이다.*

뉴스를 인쇄하기 시작하다

인쇄 기술로 신문을 빠르게 많이 발행할 수 있었다. 신문이 늘면서 독자도 늘어났다. 다른 장점도 있었다. 손으로 필사하면 베껴 쓰는 과정에서 단어를 빼먹거나 문장이 바뀔 수 있다. 인쇄 신문은 아무리 많이 찍어도 원본 뉴스와 똑같았다. 만드는 비용도 쌌다. 1부를 필사하는 돈으로 300부 넘게 인쇄할 수 있었다.

15세기 말 독일에서 뉴스를 인쇄한 '전단**'이 등장했다. 인쇄업자가 재미있는 뉴스와 이야깃거리를 간추려 한 페이지로 찍어낸 것이다. 전단은 날짜를 정해 나오지 않았고 제목이나 형식도 제각각이었다. 가제타 같은 뉴스 시트는 사려는 사람이 예약해야 했다. 전단은 예약 받지 않고 길거리나 시장통에서 누구든 원하는 이에게 팔았다. 뉴스를 원하는 일반 대중은 전단을 앞다투어 샀다. 정기적으로 발행

---

* 가제타' 같은 필사 뉴스도 신문으로 보는 학자도 있다. 아주 대량은 아니지만, 필사본을 여럿이 볼 수 있었기 때문이다.
** 설명이나, 광고, 선전 따위의 내용을 담은 종이쪽이나 얇은 책자. '리플릿'이라고 한다.

하지 않고, 형식을 갖추지 않아 '신문'이라 부르지는 않았다. 전단은 큰 인기를 누렸으며 이탈리아, 프랑스, 영국 등으로 금방 퍼졌다.

정치적 목적 달성을 위한 전단, 삐라

뉴스를 전했던 전단은 18세기 무렵부터 신문에 밀려났다. 요즘은 광고나 선전할 때 전단을 즐겨 쓴다. 길거리에서 상점을 알리는 전단지를 흔히 볼 수 있다. 전단을 정치적 목적으로도 사용한다. 특히 전쟁 중에 적군에게 항복을 권하는 전단, 민간인에게 정책을 알리는 전단을 뿌린다. 비행기에서 전단을 싣고 하늘에서 뿌리거나, 기구나 큰 풍선에 넣어 적진으로 보내거나, 대포 포탄에 넣어 쏘기도 한다. 정치적 선전을 위해 적에게 뿌리는 전단을 '삐라'라 한다. 전단을 일본어로 '비라'라 하는데 여기서 유래했다. 남한과 북한은 6·25 전쟁 당시 수많은 삐라를 뿌렸다.

6·25전쟁 당시 선전을 위한 삐라(국립민속박물관)

강화된 검열

왕과 교회, 권력자는 대중에 뉴스가 퍼지는 것을 싫어했다. 지배층은 선량한 백성이 '쓸데없는 이야기에 속아 넘어갈지 모른다'라고 걱정했다. 그러면서 지배층은 자기에게 불리한 소식은 감추고 전쟁 승리 같이 유리한 뉴스는 과장해서 알렸다. 정부 입장을 공식적으로 알리는 뉴스 팸플릿도 만들었다.

정부는 인쇄와 출판도 감시했다. 정부나 교회가 먼저 내용을 검열해야만 새 책을 낼 수 있었다. 정부에 도움이 되는 인쇄물은 지원했지만 마음에 들지 않는 서적이나 교회 방침에 어긋나는 책은 없애버렸다. 독일에서는 '보름스 칙령'으로 마르틴 루터의 책을 금지하고 불태우기도 했다. 영국은 '서적상 조합'이 책이나 인쇄물을 검사했다. 검열 받지 않고 책을 내는 사람은 감옥에 가두었다. 여러 번 검열

보름스 의회에 소환된 마르틴 루터의 모습을 그린 그림

을 어긴 사람을 사형에 처하기도 했다. 검열이 가혹한 만큼 누구나 자기 의견을 자유롭게 이야기할 수 있는 '표현의 자유'를 요구하는 움직임도 커졌다.

정기 인쇄 신문이 나오다

때마다 정기적으로 발행되는 신문은 1605년 처음 모습을 드러냈다. 독일 출판업자 '요한 카롤루스'는 1605년 독일 스트라스부르그에서 『렐라치온』이라는 신문을 발행했다. 렐라치온은 이전의 소식지나 뉴스 시트와는 달랐다. 최소 일주일에 한 번은 나왔으며, 뉴스 수가 많고 종류도 다양했다. 누구나 알 수 있도록 신문 이름(제호)을 붙였고 몇 번째 발행한 것인지 숫자를 표시했다. 1609년 독일 아우스부르크에서는 『아비소』라는 신문이 나왔다.

최초의 정기 신문 『렐라치온』의 1609년 자 신문

정기 신문은 숫자가 금방 늘어났다. 독일을 시작으로 네덜란드(1618년), 영국(1621년), 프랑스(1631년), 이탈리아(1639년), 스페인(1641년)에서 정기적으로 발행하는 신문이 등장했다.

우편 제도와 신문

편지나 물건을 규칙적으로 전달하는 것이 '우편'이다. 독자에게 신문을 정기적으로 보내고 제때 뉴스거리나 기사를 수집하려면 제대로 된 우편 제도가 꼭 필요하다. 15세기 말부터 유럽 여러 나라는 왕실이나 정부가 앞장서 우편 제도를 정비했다.

우편물이 정해진 시간에 오고 가면서 신문도 날짜를 정해 발행할 수 있었다. 전 세계 소식이 가장 먼저 도착하는 곳은 '우체국'이었고 인쇄된 신문도 배달을 위해서 우체국에 모였다. 그래서 우체국은 신문 발행에 유리했다. 몇몇 우체국장은 신문 발행을 같이 했다.

신문 이름과 뜻

초기 신문은 '가제타', '차이퉁', '렐라치온', '아비소', '포스트' 같은 이름을 썼다. '가제타'는 이탈리아 동전 이름이다. 동전 한 닢으로 신문을 살 수 있다는 뜻이다. '차이퉁'은 독일어로 '사건', '일어난 일'이다. 영어로 '뉴스'와 같다. '렐라치온'은 독일어로 '보고', '통지'를 뜻한다. '아비소'는 큰 배 사이를 오가며 메시지를 전하는 작은 보트 이름이다. '포스트'는 영어로 '우편', '우체국'이다. 요즘도 이런 이름을 붙인 신문이 있다.

미국 뉴욕에서 발간되는 일간 신문 『뉴욕 포스트』로고

어려운 정기 간행

신문을 정해진 날마다 내는 것은 쉽지 않았다. 뉴스거리와 정보는 외국에 나가 있는 외교관이나 상인이 편지로 신문사에 보냈다. 날씨가 나빠 바다가 거칠어지면 편지를 나르는 배가 제때 도착하지 못했다. 전쟁이나 폭동, 혁명으로 길이 막히기도 했다. 이런 이유로 소식이 늦거나 아예 도착 못하는 때도 많았다. 매주 시간을 맞춰 발간하려면 운이 따라야 했다. 그들은 "바람과 바다가 가장 큰 골칫거리"라고 이야기했다. 매주 발간하겠다는 약속도 많이 어겼다. 신문을 만드는 사람은 최소 2주에 한 번은 내려고 애썼다.

정기 간행으로 모습이 바뀐 신문

신문이 매주 나오자 새로운 뉴스가 중요해졌다. 새로 신문이 나오면 지난주 신문에 나온 뉴스는 쓸모가 없어졌기 때문이다. 당시 이런 세태를 보고 영국에서 신문을 내던 리처드 스틸은 "사람이 역마차를 가지게 되면 손님이 있건 없건 운행해야 한다"라고 했다. 이제 기삿거리가 있건 없건 신문은 계속 나와야 했다.

기사 쓰는 방법도 바뀌었다. 새로운 소식임을 강조하기 위해 현재형으로 기사를 썼다. 'OO를 보낸다, OO를 불러일으킨다, OO라는 주장이 제기된다' 같은 표현도 이때부터 사용하기 시작했다. 전쟁이나 범죄의 진행 경과도 연달아 소개할 수 있었다. 사람들은 전투가 어떻게 진행되고 있는지, 지난 주 발생한 사건의 수사는 얼마나 진행되었는지를 매주 알 수 있었다. 뉴스를 보는 독자는 다음에 사건이 어떻게 진행될지 궁금해 했다. 신문 발행인은 사건을 예측하는 능력을 키웠다.

편집이 중요해진 신문

초기 신문사는 통신원이 보내는 뉴스를 기사로 쓰는 사람인 '기자'와 신문을 펴내는 사람인 '발행인'이 중심이었다. 신문 발행인은 신문사 운영뿐 아니라 인쇄, 편집, 발행을 도맡았다. 신문 발행인은 인쇄소 사장, 서적 출판업자, 우체국장 등을 겸하기도 했다.

신문이 발전하면서 새로운 전문가가 등장했다. 다양한 뉴스가 실리는 신문을 읽기 쉽게 잘 정리하는 '편집인'이다. 1622년 영국 신문 발행인들은 편집인을 고용했다. 이들은 뉴스를 정리해서 비슷한 것끼리 같이 실었다. 초기에는 기사를 날짜 별, 지역 별로 단순히 묶었다. 예를 들어 '1618년 10월 암스테르담에서 일어난 일'처럼 정리했다. 같은 지역에서 비슷한 시기에 일어난 사건이라는 점 외에 다른 공통점은 없었다.

편집인은 기사를 일관된 스타일로 고쳤다. 기사 내용에 제목도 붙였고 신문사만의 독특한 해석도 제공했다. 신문이 발전하면서 편집인의 역할은 더욱 중요해졌다.

전문 잡지 탄생

17세기 후반 '잡지'가 등장했다. 잡지는 신문과는 달랐다. 뉴스 위주였던 신문과 달리 잡지는 철학, 문학, 예술, 과학 논문 등 읽을거리도 실었다. 1665년 프랑스의 작가이자 법률가인 '데니스 드 살로'는 「주르날 데 샤방」을 만들었다. 주르날 데 샤방은 철학, 문학, 과학 관련 기사를 싣고 새로 나온 책을 소개했다. '주르날'은 잡지를 뜻하는 프랑스어다. 언론을 뜻하는 '저널리즘', 언론인을 뜻하는 '저널리스트'도 여기서 나왔다.

1665년 창간된 잡지 「주르날 데 샤방」

같은 해 영국 왕립학회*는 「필로소피컬 트랜잭션스」라는 과학 잡지를 발행했다. 이 잡지는 과학자 아이작 뉴턴의 『자연철학의 수학적 원리』를 소개했다.

잡지는 17~18세기 유럽에서 신문과 같은 강력한 매체로 성장했다. 잡지는 무명 작가가 활약할 기회를 주었다. 당시 작가는 이름을 알리기 힘들었고 돈벌이도 신통치 않았다. 잡

---

* 1660년 창립된 영국 지식인과 학자의 모임. 영국 정부가 지원한다.

지에 글을 쓰면서 작가는 이름을 알리고 돈을 벌 수 있었다. 그렇게 이름이 난 작가는 자기 책을 낼 기회를 얻었다.

돈이 되는 뉴스

17세기 후반 상인, 무역업자, 은행가 등은 새 소식을 듣기 위해 돈을 내고 신문을 구독했다. 배가 무엇을 싣고 언제 들어오는지는 아주 중요한 뉴스였다. 배가 들어오면 상품 가격이 변했다. 혹시라도 중간에 침몰하면 물건이 부족해져 값이 뛰었다. 네덜란드 신문 『코란토』는 바닷길을 항해하는 선박의 상태를 자세히 알렸다. 1655년 영국 신문은 선박 명단, 출항지, 화물 내용을 실었다. 마치 요즘 방송 편성표가 매일 나오는 것과 비슷했다.

상인은 신문에 광고를 실어 자기 상품과 서비스를 알리기 시작했다. 신문에 광고를 내면 얼마 되지 않은 돈으로 많은 사람에게 자기 물건을 알릴 수 있었다. 처음에는 상인을 겸했던 신문 발행인이 자기가 파는 다른 상품을 광고했다. 점차 신문이 인기를 끌어 구독자가 늘자 광고 효과도 커졌다. 상품 판매에 효과가 있음을 보고 광고를 원하는 상인도 많아졌다. 잃어버린 물건을 찾는 광고부터 과일, 향료, 약품, 차, 맥주 등의 광고가 신문에 실렸다.

매일 나오는 신문

17세기 말부터 우편물을 매일 배달할 수 있게 되었다. 신문도 매일 발행(일간)이 가능해졌다. 1650년 독일 라이프치히에서 최초의 일간 신문인 『아인코멘테 차이퉁』이 나왔다. 1702년에는 영국에서는 『데일리 커런트』라는 일간 신문이 탄생했다. 이 신문은 영국 뉴스보다는 네덜란드와 프랑스 신문을 번역해 실었다. 1730년 영국 런던에서는 『데일리 애드버타이저』라는 신문이 나왔다. 이 신문은 주식 가격, 매매 과정, 파산한 사람 명단, 런던 항구로 들어오는 상품의 종류와 수량을 매일 알렸다. 상인은 이 신문을 애독했다. 이후 다른 신문들도 상업 관련 뉴스를 중요하게 다뤘다. 뉴스와 사업은 뗄 수 없는 사이가 되었다. 프랑스에서 1777년, 미국에서는 1783년에 일간 신문이 나왔다.

일간 신문은 빠른 뉴스가 중요했다. 기자는 뉴스거리를 매일 수집하고 기사를 썼다. 신문을 만드는 데 더 많은 사람이 필요했다. 신문사의 규모도 커졌다. 제호, 기사 형식, 기사 내용을 일관되게 했다. 정부나 정치 조직은 신문을 필요한 정보를 알리는 공고 판으로 활용했다. 일간 신문에는 국가 정책, 정부의 행정, 사법 절차, 정치, 경제, 사회, 문화, 예술 분야의 기사가 실렸다. 신문이 모든 생활 분야를 다루면서 영향력도 커졌다.

흔들리는 유럽 언론

암흑기에 빠진 독일

17세기 독일은 언론 매체의 선두였다. 하지만 18세기에 들어서 신문이 '정치'를 논하고 비평하지 못하게 했다. 1701년 프리드리히 1세가 프로이센 왕국*을 세웠다. 프리드리히 1세는 신문이 반대 세력의 목소리를 전하지 못하게 했다. 프로이센 왕국은 나라에서 운영하는 신문을 만들어 교육, 문학, 과학 등 뉴스를 다루었다. 정치 뉴스는 싣지 않았다.

뒤를 이은 프리드리히 2세(프리드리히 대왕이라고도 부른다)는 뛰어

---

* 훗날 프로이센 왕국은 독일을 통일하고 '독일 제국'이 된다. 독일 제국은 제1차 세계 대전 이후 무너지고 프로이센은 바이마르 공화국 소속이 된다. 지금은 독일 내 여러 개의 작은 지역으로 나뉘어 있다.

난 왕이었다. 그는 강력한 군대로 영토를 확장했고 합리적으로 국가를 운영했다. 종교를 차별하지 않았으며 교육과 사회 복지도 확대했다. 프로이센 왕국은 유럽의 강대국이 되었다.

처음에 프리드리히 2세는 신문 검열을 폐지했다. 정치적 의견도 마음대로 이야기하도록 했다. 하지만 프리드리히 2세 역시 신문을 검열하게 되는 계기가 생겼다. 오스트리아의 왕위를 누가 계승하는지를 두고 유럽은 전쟁에 휩싸였다. 프로이센은 프랑스, 스페인 등과 한편이 되어 영국, 오스트리아, 네덜란드, 러시아와 싸웠다. 전쟁을 치르면서 각종 잘못된 뉴스를 경험한 프리드리히 2세는 "신문은 생각나는 대로 자유롭게 거짓말을 만들어 내어 퍼트리는 것"이라고 믿게 되었다. 그는 전보다 더 엄격히 신문을 검열했다. 왕이 군대를 살핀 일, 화려한 왕실 의식, 왕의 사냥과 여행, 국가의 정책 선전 등이 주요 뉴스였다. 지식인들은 독일 신문을 믿지 않았다. 그들은 대부분 다른 나라의 신문을 구독했다.

불모지가 된 프랑스 언론

프랑스 신문은 18세기 초까지 마음대로 뉴스를 싣지 못했다. 신문을 만들려면 정부의 허락을 받아야 했다. 제대로 된 정치 기사는 없었다. 1777년 프랑스 최초의 일간 신문 『주르날 드 파리』가 등장했다. 이 신문은 문학, 예술, 재판 결과, 유명인의 사생활, 물가 정보 등이

실렸다. 정치 기사를 실었다가 여러
번 발행이 중단되기도 했다. 정치 관
련 뉴스를 내기 힘들어지자 문학 관련
신문이 많아졌다. 당시 작가와 학자는
신문을 낮춰 보았다. 프랑스의 철학자
장 자크 루소는 "신문은 아침 화장대
위에 잠깐 빛을 발하지만, 저녁이면
갑작스레 빛이 죽어버린다"라고 했다.
이런 사람들도 신문에서 자기 글을 비
평할 때는 신경을 썼다.

프랑스 최초의 일간 신문 『주르날 드
파리』

　　정부 당국과 다툰 신문도 있었다. 신문 발행인은 처벌을 피해 외국
으로 도망갔다. 마음대로 신문을 만들고 싶은 언론인은 프랑스를 떠
나 자유롭게 신문을 만들 수 있는 네덜란드로 갔다. 그 결과 많은 프
랑스어 신문이 네덜란드에서 나왔다. 많은 외국 신문이 프랑스에 퍼
졌다. 프랑스 신문은 이후 대혁명 시기까지 크게 바뀌지 않았다.

영국 언론 발전과 위기

　　영국에도 '출판 허가법'이 있었다. 기독교 교리와 국가 정책에 어긋
나는 문서는 인쇄할 수 없었다. 교회나 왕을 공격하는 내용의 책이나
문서는 출판, 수입, 판매, 유통을 금지했다. 하지만 영국은 유럽 대륙

과 달리 언론의 자유가 커졌다. 의회의 힘이 강해졌기 때문이다. 1688
년 영국 의회는 국왕 제임스 2세를 몰아내고 윌리엄 3세를 왕으로 삼
았고, 1689년에는 「권리장전」을 만들었다. 왕은 의회가 찬성하지 않
으면 마음대로 세금을 거두거나 군대를 모을 수 없었다. 의회에서는
자유롭게 토론할 수 있었고, 의회에서 한 말로는 처벌할 수 없었다.
권리장전은 입헌군주제*의 기본이 되었다. 출판 허가법은 1695년 이
후 사라졌다. 출판 허가법이 폐지되자 수많은 신문과 잡지가 모습을
드러냈다. 영국 언론은 엄청난 자유를 누렸다.

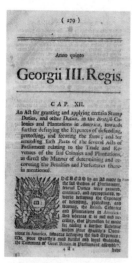

인지세법 인쇄본

그러나 모든 압력이 없어진 것은 아니
었다. 여전히 국왕과 관리의 명예를 훼손
했다는 이유로 언론인을 처벌했다. '인지
세법'은 남아 있었다. 이 법에 따라 1712
년부터 영국 신문사는 인쇄 페이지 수에
따라 세금을 내고 이를 증명하는 표 '인지'
를 붙여야 했다. 발행인은 세금을 덜 내려
고 한 페이지에 최대한 많은 내용을 넣으
려 했다. 글자 크기가 작아지고 여백도 줄
어들어 읽기는 어려워졌다. 인지세는 국

* 왕이 헌법을 초월한 존재로 마음대로 권력을 행사하는 '전제군주제'와 달리 왕도 헌법과 법률의 한도
내에서만 권리를 행사하도록 한 제도. 현재 왕이 있는 대부분 나라는 입헌군주제다.

뉴스를 싣지 않은 신문

영국의 리처드 스틸과 조지프 애디슨은 1711년 『스펙테이터』라는 신문을 발행했다. 이 신문에는 뉴스가 없었다. 정치 평론도 없었다. 유명인의 사생활을 흥밋거리로 다루지도 않았다. 대신 철학, 문화, 예술을 주제로 한 '에세이*'를 실었다. 발행인 애디슨은 스펙테이터의 목표를 "철학을 책장, 도서관, 학교에서 끄집어내 사람들이 모이는 찻집과 카페로 가져온다"라고 밝혔다.

스펙테이터는 당시 중산층과 주부들에게 큰 인기를 얻었다. 스펙테이터는 매일 3천부씩 인쇄했는데 당시로서는 놀랄만한 숫자였다. 스펙테이터 한 부를 여럿이 돌려보았다는 걸 감안하면 더욱 그렇다. 스펙테이터 여러 부를 모아 책으로 만들기도 했다.

미국에서도 스펙테이터를 즐겨 보았다. 뉴스 대신 에세이를 실은 스펙테이터를 '에세이 페이퍼'라 부르기도 한다.

『스펙테이터』 창간호

가 수입에 도움이 되었고 나날이 힘이 세지는 신문과 언론을 압박하는 효과도 거두었다. 인지세는 점점 올라갔다. 세금이 오르자 신문 값도 올랐다. 신문이 비싸지자 구독자가 줄었고 구독자가 줄자 광고도

---

* 수필, 혹은 수상록이라 한다. 일상생활의 느낌을 가볍게 다루기도 하고, 과학, 문학, 철학 등을 논리적이고 진지하게 다루기도 한다.

떨어졌다. 신문 사업 전체가 경영이 어려워졌다. 신문사와 잡지사를 괴롭혔던 인지세는 1855년이 되어서야 없어졌다.

북아메리카 영국 식민지 언론

북아메리카 대륙의 영국 식민지에는 1690년 『퍼블릭 어커런시스』라는 신문이 모습을 드러냈다. 퍼블릭 어커런시스는 첫 호에 영국 장군이 전투에서 사로잡은 포로를 학대한다는 기사를 실었다. 기사에 화가 난 식민지 정부는 신문 발행을 금지했다. 1704년 보스턴의 우체국장 '존 켐벨'은 유럽과 영국의 정치 뉴스, 사건 사고, 법원 재판 소식 등을 모아 『보스턴 뉴스레터』를 만들었다. 식민지 정부는 이 신문에 보조금을 지원했다.

1690년 『퍼블릭 어커런시스』 창간호(왼쪽)와 『보스턴 뉴스레터』(오른쪽)

존 피터 젱어의 재판

'존 피터 젱어'는 독일 출신 언론인이다. 1710년 북아메리카 식민지로 이주해 1733년 『뉴욕 위클리 저널』을 창간했다. 뉴욕 위클리 저널은 당시 식민지 총독 '윌리엄 코스비'가 독단적이고 자기 이익만 챙긴다고 여러

존 피터 젱어의 재판 장면을 그린 삽화

차례 공격했다. 화가 난 총독은 젱어가 총독과 국왕의 관리를 선동적으로 비방한다고 고소했다. 젱어를 변호한 '앤드루 해밀턴'은 '진실을 말하고 기록해서 독단적인 권력자에 대해 반대할 수 있는 자유의 명분'을 지켜야 한다고 주장했다. 권력자에게 불만을 표시하고 항의하는 권리는 '거짓말'일 때만 법률로 제한해야 한다고 변호했다. 배심원들은 젱어의 편을 들어 무죄로 판단했다.

모든 뉴스는 출간 전 당국의 허락을 받아야 했지만 언론은 식민지 정부를 호락호락 따르지 않았다. 영국도 아메리카 식민지에서 나오는 모든 인쇄물을 검열할 수 없었다. 신문의 가짓수는 점점 늘어났다. 지역마다 신문이 생기고 신문 기자가 활동했다. 잘못을 파헤치는 신문 기자는 영웅으로 대접받았다. 영국과 식민지 정부의 문제를 과감하게 지적하는 기사도 늘어났다. 정부나 관리를 모욕했다는 죄로 처벌받는 언론인도 있었다.

> ## 대표 없이 과세 없다(No taxation without representation)
>
> 미국 독립 혁명을 대표하는 말이다. 영국 의회는 식민지로부터 세금을 거두는 법을 만들었다. 식민지 주민은 영국 의회 의원이 될 수 없었다. 북아메리카 주민은 자기 뜻을 대표하는 의원 없이 만든 법은 불법이라 생각했다. 법을 따르지 않고 세금도 내지 않았다. 이를 단속하는 영국과는 갈등이 심해졌다. 결국 북아메리카는 영국으로부터 독립하기 위한 전쟁에 나섰다.

미국 독립에 앞장선 언론

북아메리카 대륙에서 영국은 프랑스와 식민지 쟁탈 전쟁을 벌였다. 전쟁 비용이 필요한 영국은 식민지로부터 각종 세금을 거두었다. 1765년에는 영국 인지세법을 식민지에도 적용했다. 식민지에서 나오는 출판물도 페이지마다 세금을 내야 했다. 언론은 극렬히 저항했다. 어떤 신문사는 이 법이 시행되는 날 문을 닫기도 했다. 많은 신문사가 세금을 내지 않았다. 강력한 저항 때문에 이 법은 1년 만에 없어졌다.

영국은 차, 설탕, 포도주, 의류 등에도 세금을 매겼다. 북아메리카 식민지 언론은 영국 정부와 정치가를 '뱀', '교활한 배신자', '전제 군주의 앞잡이'라고 비난했다. 영국군의 불법 행동을 고발하는 뉴스도 많이 실렸다. 사람들은 언론을 통해 같은 '미국 국민'이라는 의식을 가질 수 있었다. 영국 편을 드는 언론도 있었다. 대중은 이런 신문사를 공격해 건물과 인쇄기를 부수기도 했다. 직접 독립운동에 뛰어든 신문 발행인과 인쇄업자도 있었다.

언론 자유가 세워지기까지

1775년 결국 영국군과 북아메리카 민병대 사이에 전투가 벌어졌다. 1776년 7월 4일 북아메리카 대표가 모여 독립을 선언했다. 오랜 전쟁 끝에 1783년 영국은 미국의 독립을 인정했다. 1787년 미국은 헌법을 만들고 1791년 일부 조항을 수정했다. 수정된 헌법 제1조는 '발언이나 출판의 자유를 제한하는 법률을 만들 수 없다'였다.

미국 정치 지도자들은 다른 당파를 공격할 때 언론을 이용했다. 다른 당파 신문의 편집인을 비난하기도 했다. 반대파 신문사를 습격하고 약탈하는 사건도 벌어졌다. 그러자 미국 정부는 언론을 단속하는 치안유지법을 만들기도 했다. 미국 정부, 의회, 대통령에 반대하고, 명예를 훼손하고, 모욕할 의도로 거짓말을 하고 악의적인 글을 쓰거나 인쇄, 발표, 출판하면 처벌했다. 하지만 미국 3대 대통령 토머스 제퍼슨은 이 법을 없앴다. 1825년 미국은 전 세계에서 가장 많은 신문을 발간하는 나라가 되었다.

프랑스 혁명과 언론

1789년 7월 14일, 절대 왕정이 지배하던 프랑스에서 낡은 체제를 뒤집는 혁명이 일어났다. 당시 프랑스는 귀족과 성직자가 부와 명예를 독점했다. 전체 인구의 98%에 달하는 평민은 무거운 세금에 시달렸다. 계몽주의 사상과 미국 독립에 자극받은 프랑스 부르주아와 가혹한 삶에 시달리던 노동자, 농민은 불평등한 사회를 뒤집었다. 혁명으로 새롭게 등장한 국민의회*는 봉건제를 폐지하고 왕과 왕비를 처형했다. 가톨릭교회의 십일조, 관직을 사고파는 행위를 없애고 세금을 평등하게 내도록 했다.

1789년 8월 26일 국민의회는 「인간과 시민의 권리선언」(인권선언)

장 폴 마라의 초상(왼쪽)과 그의 죽음을 그린 「마라의 죽음」 자크 루이 다비드 作 (1793)(오른쪽)

* 1789년 평민 대표들이 만든 의회.

을 했다. 인권선언 11조에서 언론의 자유를 보장했다.

> "사상과 의견의 자유로운 소통은 인간의 가장 귀중한 권리다. 모든
> 시민은 자유롭게 말하고, 쓰고, 출판할 수 있다. 다만, 법에 정해진 경
> 우 자유의 남용은 책임져야 한다."

1788년 4개였던 신문이 프랑스 혁명 이후 1790년에는 335개가 되
었다. 신문은 정치 투쟁의 도구였다. 신문 기사로 반대편을 강력히 비
난하고 공격했다. 정치적 투쟁은 격렬했다. 정치적으로 온건파인 '지
롱드'와 과격한 개혁을 외치는 '자코뱅'은 언론을 동원해 서로 공격했
다. 실제로 반대파를 공격해서 살해하기도 했다. 자코뱅 지도자 중 한
명인 '장 폴 마라'는 『인민의 벗』이라는 신문을 창간했다. 이 신문에
서 마라는 "국가의 적과 투쟁할 때 나는 조금도 두려워하지 않고 사
기꾼을 공격하고 위선자의 가면을 벗기고 반역자를 비난한다"라고
외쳤다. 장 폴 마라는 지롱드 지지자에게 암살되었다.

나폴레옹과 신문

1799년 프랑스 혁명의 혼란을 뚫고 정권을 장악한 보나파르트 나
폴레옹은 언론이 가진 힘을 잘 알았다. 그는 황제가 된 다음 73개였
던 파리의 신문을 4개로 줄였다. 언론 검열은 더욱 심해졌다. 당시

『르 모니퇴르 유니베르셀』(줄여서 모니퇴르)는 프랑스 최대의 일간 신문이었다. 나폴레옹을 지지하는 신문으로 유명했다. 나폴레옹은 모니퇴르 편집에 간여해 기사 내용을 검열했다. 직접 글을 써 모니퇴르에 싣기도 했다.

나폴레옹이 물러난 후에도 프랑스 신문은 어려움을 겪었다. 출판물 단속법, 인지세와 발행 보증금*, 사전 검열 등이 자유로운 언론 발전을 막았다. 1824년 프랑스 왕이 된 샤를 10세는 언론과 출판을 탄압하고 혁명 이전의 체제로 돌아가려 했다. 1830년 분노한 프랑스 시민은 샤를 10세를 몰아냈다(7월 혁명). 7월 혁명으로 검열 제도가 없어졌다. 1850년에는 신문 인지세와 발행 보증금도 사라져 프랑스 언론은 다시 자유를 누리게 되었다.

여성 언론인의 활약

17~18세기 여성은 직업을 갖기 어려웠다. 어려움 속에서도 이름을 날리는 여성 언론인이 등장했다. 17세기부터 프랑스에는 뛰어난 여성 언론인이 활동했다. 마들렌 포코니에와 쥐스틴 지루는 잡지의 편집장이었다. 독일의 테레제 후버는 당시 이름난 문학과 예술 잡지의 편집장으로 활약했다. 그녀가 편집장을 맡은 잡지는 1820년 큰 성

* 신문을 발행하려면 정부에 일정한 돈을 맡겨야 하는 제도.

메리 캐서린 고다드(왼쪽)와 넬리 블라이(오른쪽)

공을 거두었다.

북아메리카 대륙에서는 아버지나 남편이 하던 신문을 물려받아 성공시킨 여성 언론인이 두드러졌다. 엘리자베스 티모시는 남편이 죽은 다음 『사우스캐롤라이나 가제트』를 이어받아 운영했다. 미국의 정치가이자 언론인이었던 벤저민 프랭클린이 동업자였다. 오빠가 망친 신문을 살려낸 여성 언론인도 있다. 메리 캐서린 고다드는 오빠인 윌리엄 고다드가 경영하던 신문을 물려받아 10년 동안 성공적으로 발행했다. 19세기가 되면 넬리 블라이같이 탐사 기자로 이름을 날린 여성 언론인도 등장한다.

왕조 시대 중국 언론과 언론인

발전하는 저보

당나라 지방 제후는 수도 장안에 '저'와 같은 사무실을 두었다. 이름은 '진주원'이었다. 진주원은 한나라 때처럼 지방과 조정 사이 연락을 담당했다. 수도 소식을 저보로 지방에 알려 주었다. 저를 책임진 관리는 '상도유후사'였다. 이 관리가 뉴스를 모아 저보를 만들었다. 수십 개 '저'가 각자 '저보'를 만들었다. 저보가 성행하자 778년 조정에서 직접 만들어 진주원에 나눠 주었다. 진주원은 이 저보를 지방에 전달하는 일만 했다.

지방으로 저보를 보낼 때는 '역*'을 이용했다. 당나라는 도로를 고

---

* 일정한 거리마다 둔 교통 기관. 말을 타고 다음 역까지 빠르게 명령, 문서, 소식 등을 전했다.

치고 새롭게 만들어 빠르게 뉴스를 전달할 수 있었다. 저보 만드는 기술도 발전했다. 붓으로 베껴 쓰는 대신 목판을 새겨 저보를 인쇄했다.

저보에는 황제가 내린 명령, 황제 동정, 신하가 올린 상소, 관리 임명 등을 주로 실었다. 저보를 읽는 사람도 늘어났다. 하급 관리나 공부하는 학생도 조정이 하는 일을 알고 싶어 저보를 구했다.

정부 공식 신문

당나라는 현종(713~741) 때 조정은 매일 『개원잡보*』를 만들었다. 개원잡보에는 황제 일과와 조정 신하들이 의논한 정책을 실었다. 황제 옆에는 신하 두 명이 늘 따라다니며 행동과 명령을 기록했다. 개원잡보는 이 내용을 빠짐없이 실었다.

다른 공식 신문으로 『조보』가 있었다. 중국 학자들은 개원잡보가 발전해 조보가 되었으리라 짐작한다. 진주원에서는 조보를 바탕으로 저보를 만들었다. 조정은 조보를 꼬박꼬박 보관했다. 100여 년이 지난 후에도 조보를 뒤져 지난 사건 기록을 찾을 수 있었다.

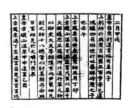

『개원잡보』

* 중국 학자들은 『개원잡보』가 세계 최초로 발행한 일간 신문이라 주장한다.

신문이 발전한 송나라

송나라 때는 경제가 발전하고 인쇄 기술과 출판 산업도 성장했다. 조정은 여러 정책을 사방에 알리려 노력했다. 일반 관리는 조정에서 일어나는 정치와 행정에 큰 관심을 두었다. 관직 임명, 이동, 퇴직 등에 관한 소식은 저보나 조보에 실렸다. 관리에게는 승진과 관직 이동이 가장 중요했다. 지방 관리는 서울로 가고 싶어 했다. 이들은 새롭게 관직을 얻은 사람이 누구인지, 누가 승진하고 누가 퇴직하는지 등을 살폈다. 이런 이유로 신문이 발전했다.

송나라 저보

송나라는 당나라 제도를 그대로 물려받았다. 각 지방 정부는 수도에 '진주관'이라는 관리를 두었다. 진주관은 고급 관리로 지방 정부 수령이 신뢰하는 측근이었다. 이들은 중앙 정부와 연락하며 저보를 만들었다. 진주관은 매일 오전 한군데 모여 정부 발표를 들었다. 점심에 각자 사무실로 돌아가 뉴스를 정리하고 지방으로 보냈다. 다만 몇 가지 문제가 있었다. 모여서 발표를 듣고 흩어져 정리해 보내느라 시간이 걸렸다. 급히 알려야 하는 소식이 늦어질 때도 있었다. 비밀리에 지방 정부에 알려야 하는 소식이 밖으로 흘러나가기도 했다.

송나라는 982년 조정 안에 진주원을 만들었다. 진주관에게 사무실을 하나씩 배정해 진주원 안에서 먹고 자게 했다. 지방마다 특별한 도

장을 만들어 문서를 보내고 받을 때 찍도록 했다. 모든 일은 '진주원 장관'이 감독하고 관리했다. 이 방법으로 비밀을 지키고 정보를 빠르게 전달했다. 진주원은 저보를 매일 발행했다. 지방에는 매일 보내지 않고 모아두었다가 열흘에 한 번씩 보냈다. 저보는 중국 국경 지역까지 전해졌다. 지방 하급 관리도 두루 저보를 읽었다.

저보의 내용과 검열

저보는 관리 임명과 퇴직, 부서 이동, 신하가 올린 상소, 국가 행사, 법률과 재판 등을 실었다. 조정은 저보에 황제나 조정에 해를 끼칠 내용이 들어 있는지 조사했다. 군대를 통솔하는 '추밀원'에 '검상문자'라는 검열 기관을 두었다. 진주원은 5일마다 저보에 실을 내용을 추밀원에 보고했다. 검상문자 소속 '검상관'이 미리 저보를 검열했다. 황제 비서실 격인 중서성에는 '검정관'이 있었다. 이들도 저보를 검열했다.

때로 검열 제도를 폐지한 황제도 있었다. 그러나 검열 제도가 없어지면 진주관과 다른 관리가 부정을 저질렀다. 중요한 사실을 일부러 빼놓았고, 정부 비밀을 누설하기도 했다. 결국 검열은 다시 살아났다.

정보를 빼내는 자와 막으려는 자

송나라에서 벼슬을 얻으려는 사람들 사이에 경쟁이 치열했다. 관리는 파당*을 지어 권력을 두고 다투었다. 한 파당이 권력을 잡으면 그 당에 속한 사람이 좋은 관직에 나갔다. 권력을 가진 세력과 권력을 뺏으려는 세력 모두 누가 어느 관직을 맡는지 미리 알아내려 했다. 정보는 황제를 옆에서 모시는 신하인 내시의 입에서 주로 나왔다. 황제가 어떤 생각을 하는지 알기 위해 고위 관리는 내시와 친하게 지내려 했다.

저보를 만드는 진주원 관리와 검열 담당 검상관, 검정관 등도 정보에 빨랐다. 이들이 비밀 정보를 흘리는 일도 많았다. 1161년, 조정도

* 주의, 주장, 이해를 같이하는 사람들이 뭉쳐 이룬 단체나 모임으로 당파라고도 한다.

미처 몰랐던 정보가 밖으로 먼저 새어나가자 엄격히 조사해야 한다는 주장이 나왔다. 황제는 진주원에 함부로 들어가는 사람을 멀리 귀양 보냈고 비밀을 누설하면 목을 베었다. 검열관과 검상관은 평일에 밖에서 손님을 만나지 못하게 했다. 집에서 손님을 맞는 것도 금지했다. 비밀 유출이 줄기는 했지만, 완전히 없어지지는 않았다.

민간 신문 소보

송나라는 북쪽 유목민 거란이 세운 요나라와 충돌했다. 사람들은 국경 지방 전쟁 소식도 궁금해 했다. 관리뿐 아니라 공부하는 학생과 지식인은 나랏일과 정치에 관심이 많았다. 새로운 뉴스를 빨리 알고 싶어 했다. 저보는 검열을 거친 뉴스만을 실었고, 비밀 유출을 막기 위해 중요한 사건은 싣지 않았다. 새로운 소식이 별로 없었다. 사람들은 저보에 나오지 않는 뉴스를 쪽지에 적어 서로 돌려 보았다. 이를 작은 신문이란 뜻으로 '소보'라 부른다.

12세기 초, 직업으로 소보를 만드는 사람이 등장했다. 길거리에 간판을 세우고 소보를 파는 사람도 생겼다. 소보 내용은 저보와 비슷했지만 빠르게 보도된다는 점이 달랐다. 소보는 아직 조정에서 발표하지 않은 내용도 실었다. 고위 관리도 소보에서 처음 소식을 접하기도 했다. 독자는 소보를 환영했다. 소보는 금방 퍼져나갔다. 소보의 전파와 관련해 도곡이라는 사람이 쓴 『청이록』에 "한사람이 열 사람에게 전하고 열 사람이 백 사람에게 전달했다—以傳十, 十以傳百"라는 기록이 있다. 지방에서도 소보를 구해 보았다.

소보를 만들고 파는 사람

정부에서 알리고자 하는 내용을 담은 신문이 '관보'다. 저보나 조보는 관보라서 따로 뉴스를 취재하지 않았다. 정부 발표 내용을 정리해 실을 뿐이었다. 소보는 뉴스를 직접 찾아야 해서 전문 기자가 필요했다.

전문 기자로 '내탐', '성탐', '아탐'이 있었다. 내탐은 황제와 황실 소식을 취재했다. 성탐은 정부 부서를 담당했다. 아탐은 작은 관청을 맡았다. 이들은 대부분 일반 관리로 돈벌이 때문에 이 일을 했다. 이들은 비밀 서류를 슬쩍 들춰보거나 다른 관리가 하는 말을 엿들어 소보 제작자에게 전했다. 소보 제작자는 이를 정리해 독자에게 팔았다. 가게에서 소보를 팔기도 했다. 백성도 소보를 사보았다. 소보를 만들어 팔면 꽤 돈벌이가 되었다. 나라에서는 소보를 엄격히 단속했다. 소보 제작자를 잡아들였다. 진주원 관리는 5명씩 조를 짜 서로를 감시했다. 그래도 소보를 막지 못했다. 청나라 초까지 소보를 발행했다. 하지만 청나라 초기 조정에서 엄격히 소보를 금지해 자취를 감추었다.

신문 대신 뉴스를 전한 매체

국경 지방에서 군대 활동이나 적국 현황을 전한 매체는 '변보'다. 날래고 용감한 사람을 뽑아 적국에 보내 정보를 탐지했다. 적에게 돈을 주고 정보를 얻기도 했다. 이 내용을 변보로 조정에 전했다.

종이에 글을 써 누구나 볼 수 있게 내다 붙인 '방문'으로 중요한 뉴스를 전달했다. 일반 백성에게 나랏일을 알릴 때 주로 방문을 사용했다. 누구에게 알릴지에 따라 방문을 거는 장소가 달랐다. 전국에 알려야 하면 모든 지방 관청에서 일제히 방문을 붙였다. 한 지역 관련 사항은 그 지방 관청에서 방문을 걸었다. 방문은 다양한 내용을 담았다. 황제가 내린 명령, 법률, 고위 관리가 새로 임명되거나 퇴직하는 일, 전쟁 관련 사항 등이 주요 내용이었다. 간혹 사람 모집, 의약 정보 등 광고와 흡사한 내용도 있었다. 궁궐 대문이나 사람이 많이 다니는 길거리 입구 등 잘 보이는 곳에 방문을 붙였다.

민간인이 거는 방문은 '민방'이라 했다. 주로 관리가 잘못한 일이나 다른 사람 범죄를 고발하는 내용이었다. 정치를 잘못한다고 조정을 비난하는 방문도 있었다. 정부에서는 민간인이 방문을 붙이지 못하게 했고 방문을 내건 사람을 잡아 벌을 주었다. 그래서 민방을 붙일 때 글 쓴 사람 이름을 감추었다. 이를 '익명방', 혹은 '익명서'라 불렀다.

책도 뉴스 매체가 되었다. 황제가 내린 명령, 관리가 올린 상소, 군인들 사기를 높이기 위한 격문, 유명한 학자가 쓴 글, 과거 시험 답안 등을 책으로 만들었다.

명나라 신문

명나라 때 저보는 더욱 발전했다. 명나라도 이전 왕조처럼 매일 나랏일 관련 사항을 조정에서 발표했다. 지방 관청은 관리를 수도에 보내 소식을 받았다. 1638년부터는 저보를 활자로 인쇄해 빠르게 많이 찍을 수 있었다. 싣는 내용도 풍부해져서 서양 선교사 관련 뉴스도 실었다. 시장에서 저보를 팔기도 했다.

명나라는 정부 공식 신문 『궁문초』를 만들었다. 궁문초에는 황제 명령, 신하가 올린 상소 등을 실었다. 지방 관청으로도 궁문초를 보냈다. 지방 관리와 사대부가 두루 읽었다. 지방 정부는 『원문초』라는 신문을 내었다. 원문초는 그 지방 관청이 내린 명령과 지방 관리 임명 소식을 실었다.

저보를 흡수한 당보

명나라에는 군사 정보를 탐지하고 전하는 군인 '제당*'이 있었다. 병부(오늘날 국방부)에서는 제당을 군사 기지마다 보냈다. 명나라 말에는 군사 기지마다 대표 제당을 한 명씩 수도에 보내 머물게 했다. 이들은 군사 기지로부터 오는 소식을 중앙 정부에 전했다.

청나라는 명나라 제도를 그대로 이어받았다. 나라가 안정되자 전쟁이나 반란이 사라졌다. 제당은 군대 정보보다 각 지방의 소식을 전달하게 되었다. 수도 베이징에는 지방 정부에서 올라온 제당 14명이 머물렀다.

과거 무과 시험에 합격한 후 다시 시험을 통과해야 제당이 될 수 있었다. 조정은 황제가 한 말, 신하가 올린 상소, 황제가 승인한 정책 등을 제당에게 알렸다. 제당은 진주관처럼 내용을 정리해 지방으로 보냈다. 『당보』라 했다. 당보와 저보는 내용이 겹쳤다. 점점 당보가 저

명나라 말기 『당보』

* '당관'이라고도 한다.

보를 흡수하게 되었다. 옹정제 때 저보를 없애고 당보만 남겼다. 당보
는 청나라 말기까지 정부 공식 신문이었다.

민간 신문 경보

저보, 조보, 당보는 정부에서 주도하는 신문이었다. 옹정제 시대 민
간에서 만든 최초 신문 『경보』가 등장했다. 당시 기록에 "1734년 12
월 3일 소가 기린을 낳았는데, 이를 조정에 보고했다는 사실을 경보

청나라 경보

를 보고 알았다"라고 나와 있다. 경보는 '보
방'에서 만들었다. 정보에 빠른 사람이 보방
을 만들고 경보를 인쇄해 팔았다. 경보는 잘
팔렸고 경보를 만드는 사람도 늘었다. 베이
징에서 민간이 만드는 신문 모두를 통틀어
경보라 불렀다. 베이징 지역에서 나온 경보
를 본떠 남쪽에서도 신문을 만들었는데 이를
『남방보지』라 했다.

경보에 실린 뉴스

경보에는 궁정 소식, 관리 임명, 승진, 이동, 황제 칙령, 정부 공고,
신하들이 올린 보고 등을 실었다. 정부 문서는 종류도 많고 길었다.
경보는 뉴스를 골라 내용을 요약했다. 오늘날 편집 과정과 비슷하다.

경보마다 내용이 달랐다. 같은 뉴스도 경보에 따라 자세히 다루기도 하고 아예 싣지 않기도 했다. 같은 경보인데 매일 페이지 수가 변하기도 했다.

경보는 매일 초저녁에 한번, 늦은 저녁에 한 번 나왔다. 초저녁에는 간단한 내용을 싣고 늦은 저녁에는 자세한 내용을 담았다. 경보는 청나라 말기 근대적 신문이 등장한 이후에도 계속 나왔다. 중국에 온 서양인들도 경보를 보고 정보를 얻었다.

경보를 만들고 배달하는 사람

보방은 경보를 만드는 곳이고 보방을 운영하는 사람은 '보방주인'이다. 보방주인은 보방에서 일하는 '보방인'을 고용했다. 보방인은 관리를 만나고 관청을 드나들며 뉴스를 취재했다. 요즘으로 하면 기자다. 보방인의 월급은 형편없었고 종이와 붓도 자기 돈으로 사야 했다. 사회적 지위도 낮아 관리는 보방인을 구박했다. 일반인도 업신여겨 거짓말 하는 사람 취급했다.

경보는 '송보인'이 배달하고 팔았다. 송보인은 등에 푸른 천을 표식 삼아 걸쳤고, 흰색 신문 가방을 둘러메고 경보를 팔거나 배달했다. 초기에 보방주인은 송보인을 고용해 월급을 주었다. 청나라 말에는 송보인은 돈을 주고 경보를 사서 독자에게 팔고 남는 돈을 가졌다. 송보인은 저마다 맡은 구역이 있었고 다른 송보인 구역을 침범하지 않았

다. 경보만 팔아서는 돈을 충분히 벌지 못해서 편지, 소포, 물건, 돈 등
을 배달하고 보수를 따로 받았다.

우리나라 언론과 언론인

조정 소식을 알리는 조보

조선 시대에는 임금이 내린 명령, 관청에서 올린 보고, 관리 임명과 이동 등을 손으로 베껴 쓰는 신문이 있었다. 이를 『조보』라 한다. 조보는 조정에서 일어나는 일을 전국 관청과 관리, 권세가 있는 양반 등에게 알렸다. 조보를 언제부터 만들었는지는 뚜렷하지 않다. 『조선왕조실록』「중종실록」1520년 3월 26일(음력)에 처음 '조보'라는 이름이 등장한다. 비록 이름은 처음 나왔지만, 조보는 이보다 이전 15세기부터 있었으리라 짐작한다. 조보를 만든 뉴스는 '승정원'에서 나왔다. 승정원은 왕이 내린 명령과 신하가 올린 상소를 맡아 전하는 기관이다. 승정원에서 조보 내용을 정리했다.

여러 관청 소속 관리가 '조보소'에 모여 손으로 조보를 베꼈다. 이

1839년 3월에서 6월까지 조정의 일을 기록한 『조보』(국립민속박물관)

들을 '기별서리'라 했다. 승정원 관리가 기자와 편집인이라면 조보소는 인쇄소인 셈이다. 베끼는 사람마다 조금씩 내용이 달라지기도 했다. 기별서리는 소속 관청에서 보기에 중요한 뉴스는 자세히 기록했지만 관련 없는 내용은 생략했다. 빨리 베껴야 해서 글을 초서체*로 흘려 썼다. 익숙하지 않은 사람은 알아보기 힘들었다. 베낀 조보는 '기별군사'가 관청에 배달했다. 한양에는 '경주인' 혹은 '경저리'라는 지방 관청 소속 하급 관리가 머물고 있었다. 이들은 조보를 다시 베껴 각자 자기 고을에 전달했다.

* 한자 획을 생략하고, 서로 연결하여 흘려 쓴 글자체.

국가가 통제한 조보

조보는 왕이 허락한 뉴스만을 다뤘다. 조선 역대 국왕은 조보에 관심이 많았다. 어떤 기사를 싣고 어떤 기사를 뺄지 직접 정하기도 했다. 선조 때 "좌의정 윤두수와 우의정 유홍이 이익을 좋아하고 염치가 없다"라는 비난이 왕에게 올라왔다. 선조는 "지금 보고 내용은 조보에서 빼라"라고 지시했다(선조실록 선조 27년 10월 17일(음력)).

비밀 유지를 위해 조보를 통제하기도 했다. 1526년(중종 21년) "기밀이 새 나가지 않도록 승정원에서 엄격히 관리해야 한다"라는 상소가 올라오기도 했다. 왕과 조정은 조보를 나라를 다스리는 수단으로 활용했다.

민간 인쇄 조보

1577년에는 민간에서 조보를 만들었다. 조보를 만든 사람이 누군지 정확히 알지 못한다. 조보를 만들던 하급 관리나 경주인 중에 은퇴한 사람, 또는 왕실에 물건을 팔던 상인이었을 것이다. 이들은 '의정부'와 '사헌부'에 허가받아 조보를 발행했다. 이들은 조보를 만드는 과정과 배달 과정을 잘 알고 있었으며 돈을 버는 재주도 있었다.

이때에는 조보를 베끼지 않고 나무 활자로 인쇄했다. 손으로 베낀 필사 조보는 많이 만들기 힘들었고, 글씨도 흘려 써서 알아보기 힘들었다. 인쇄 조보는 대량으로 발행할 수 있었고 글자체도 깔끔해 읽기

편했다. 인쇄한 조보는 '무직인(직업 없는 사람)'이 각 관청과 지방 관리에게 팔았다. 모두 이러한 방식이 편리하다고 생각했다.

금방 사라진 민간 인쇄 조보

민간 인쇄 조보는 석 달 만에 없어졌다. 1577년 11월 선조가 긴급 명령을 내려 조보 인쇄를 금지한 것이다. 서적과 문서 출판은 왕정 국가에서 중요한 통치 도구였다. 선조는 민간 인쇄 조보 발행을 왕권에 대한 도전으로 생각했다. 왕에게 아뢰지도 않고 민간에서 조보를 인쇄한 관련자와 배후를 색출했다. 철저하게 조사 끝에 30여 명을 잡아 엄히 처벌했고 이후부터 조보를 엄격히 통제했다. 이에 대해 조선 후기 실학자 '이긍익'은 『연려실기술』*에서 "처음 의정부와 사헌부에서 인쇄를 허락했으니 잘못은 정부에 있다. 어찌 어리석은 백성만 처벌하는가? 백성에게만 벌을 주니 겁도 많고 의리도 없다"라고 비난했다.

임진왜란으로 『선조실록』이나 『승정원일기』가 불타버려 민간 인쇄 조보에 관한 자세한 기록이 남아있지 않았다. 그러던 중 2017년 『성리학 전서』라는 책 표지에서 민간 인쇄 조보 9장을 발견했다. 당시 책의 겉표지는 이미 사용한 종이 여러 겹을 붙여 만들었는데, 민간

---

* 조선 시대 정치, 사회, 문화를 기록한 역사책.

인쇄 조보를 표지에 사용한 것이다. 덕분에 기록에서만 일부 전하던 민간 인쇄 조보의 실물이 세상에 드러났다.

근대에 피어난
언론

경제가 발전하면서 신문 산업의 규모가 엄청나게 커졌다. 산업이 커지는 만큼 눈부신 성과가 있었지만 그만큼 어두운 면도 함께했다. 한편 우리나라와 중국은 서양 언론이 들어와 근대 언론의 모습을 갖추어갔다.

새로워진 서양 언론

모습이 바뀐 신문

19세기가 지나며 신문의 모습은 크게 달라졌다. 변화의 중심은 미국이었다. 기사 제일 윗줄에는 '헤드라인'을 크고 굵게 썼다. 헤드라인은 중요한 기사 내용을 요약해 주었다. 헤드라인만 읽어도 어떤 뉴스인지 알 수 있었다. 헤드라인 아래 또는 기사 끝에 기사를 쓴 사람 이름을 적었다. 이것을 '바이라인'이라 한다. 신문은 재미있는 이야기를 전하는 만화를 실었다. 한 장면으로 정치 문제를 비꼬는 만화를 '카툰'이라 한다. 카툰은 신문에서 뺄 수 없는 중요한 콘텐츠였다. '십자말풀이*' 같은 재밋거리도 등장했다.

---

* 십자 모양으로 배치된 네모 칸에 가로, 세로줄에 맞는 단어를 찾는 퍼즐.

1864년 4월 14일 링컨 암살을 다룬 기사의 헤드라인. "링컨이 총에 맞았다. 가망이 없어 보인다"라고 기사 내용을 요약했다.

전국에 이름을 날리는 기자와 편집인도 생겼다. 언론인으로 유명해진 다음 정치인이 되기도 했다. '호러스 그릴리'는 『뉴욕 트리뷴』이라는 신문을 성공시킨 뛰어난 기자이자 편집인이었다. 미국 공화당을 만드는 데 이바지한 그릴리는 1872년 대통령 후보로 추대되었다. 그 후에도 언론인 출신 정치가가 많이 나왔다.

기술 발전과 신문

기술 발전이 신문의 제작과 유통을 크게 바꿨다. 미국에서는 1829년 처음 철도가 등장해 1873년에 이르러서는 약 65km 떨어진 볼티모어에서 워싱턴까지 2시간이면 갔다. 대통령이 워싱턴에서 점심에 연설하면 그 소식이 철도를 따라 전해져 저녁에 나오는 볼티모어 신문에 실렸다.

1837년 화가이자 발명가인 새뮤얼 모스(1791~1872)는 전기 신호를 이용해 통신하는 전신기를 만들었다. 알파벳과 숫자는 '모스 부호'로 표시했다. 전신기를 사용하면 전선이 연결된 곳 어디든지 즉시 뉴스를 보낼 수 있었다. 전신기와 모스 부호는 철도, 금융 등 분야에 널리 사용되었다.

인쇄기 성능도 좋아졌다. 1800년대 초 손으로 돌리는 인쇄기는 한 시간에 150장을 인쇄했다. 1846년 새로 나온 인쇄기는 시간당 2만 장을 찍어낼 수 있었다. 기술 발전으로 이제 뉴스를 빠르게 수집하고, 대량으로 인쇄해서 멀리 떨어진 곳까지 보낼 수 있었다.

누구나 살 수 있는 신문

신문값은 싸지 않았다. 19세기 초 기준 하루 평균 노동자 임금은 약 75센트*였는데 신문은 한 부에 6센트였다. 하루 임금의 8%다. 요즘

---

* 미국 화폐 단위로 센트는 1/100달러.

우리나라 평균 임금*으로 계산해보면 신문 한 부가 약 13,000원인 셈이다. 너무 비싸서 도시에 사는 가난한 노동자나 시골 농민은 사보기 어려웠다. 신문 구독자도 늘지 않았다.

1833년 벤자민 데이(1810~1889)는 뉴욕에서 『더 선』이라는 신문을 발행했다. 신문 값은 1센트였다. 값이 싸 많은 사람이 구독했다. 범죄 기사나 흥미 위주의 뉴스를 주로 실었다. 더 선은 크게 성공했다. 2년 만에 매일 1만 5천 부를 발행했다. 『뉴욕 헤럴드』, 『볼티모어 선』

1848년 파리에서 배달을 위해 포장되고 있는 신문

* 2021년 우리나라 월평균 실질 임금은 3,271,000원이다(고용노동부). 이를 20일로 나누면 일당 163,000원인 셈이며 이 중 8%는 13,084원이다.

같은 다른 신문이 뒤를 따랐다. 일반인이 즐겨 찾는 대중 신문이 본격적으로 등장했다. 영국은 1855년 인지세가 없어지고 나서 1~2페니*짜리 신문을 낼 수 있었다. 프랑스는 『라 프레스』라는 대중 신문을 발행했다. 서민들은 대중 신문으로부터 새로운 정보를 얻었다.

최초로 성공한 대중 신문, 『더 선』

신문이 널리 보급된 것은 가격이 싸졌기 때문만은 아니었다. 국가에서 초등 교육을 확대해서 19세기가 지날 무렵에는 거의 모든 사람이 글을 읽고 쓸 줄 알았다. 또한 경제 발전으로 소득이 늘어났다. 도시 노동자는 2~3일 일해 번 돈으로 신문 1년 구독료를 낼 수 있었다. 신문사는 매일 수만~수십만 부씩 신문을 발행했다.

뉴스 도매상, 통신사

뉴스를 신문사에 공급하는 곳이 '통신사'다. 도매상이 상품을 사들여 여러 소매상에 파는 것과 비슷하다. 시작은 영국 우체국이었다. 몇몇 영국 우체국은 외국 신문 기사를 번역하고 요약해서 돈을 받고 신

* 영국 화폐 단위로 페니는 1/100 파운드.

아바스 통신사의 창립자 샤를 루이
아바스

문사에 팔았다. 1832년 샤를 루이 아바스(1783~1858)가 파리에 최초로 사무실을 열었다. 아바스는 외국 뉴스를 번역해 신문사에 공급했다. 통신사는 처음에는 비둘기와 수신호로 뉴스를 전달했다. 우편 제도가 발전하고 전신 기술이 나오자 뉴스 전달 속도는 빨라졌다.

미국 뉴욕 신문사들은 뉴스 취재에 필요한 돈을 공동으로 부담했다. 이들은 '항구 뉴스 협회'를 만들었다. 협회는 캐나다 핼리팩스 항구에 지사를 설치했다. 유럽에서 오는 배가 뉴욕에 도착하기 전에 먼저 뉴스를 알아내기 위해서다. 선박을 취재하러 갈 때 필요한 교통비와 뉴스를 뉴욕으로 보내는 데 필요한 전신 비용은 여러 신문사가 함께 나누어 냈다. 이 항구 뉴스 협회는 훗날 'AP Associate Press 통신'이라고 이름 붙였다. 베른하르트(1811~1879)는 1855년 전신으로 뉴스를 받아 독일 베를린 신문사에 공급했다. 영국은 1858년 폴 로이터가 런던에서 통신사를 시작했다.

1870년 세계 3대 통신사는 프랑스의 아바스, 독일 볼프, 영국 로이터였다. 세 통신사는 세계 뉴스를 영역별로 나눴다. 로이터는 중국, 인도, 대영제국 뉴스, 아바스는 아프리카, 남미, 프랑스 식민지 뉴스,

볼프는 북유럽, 러시아, 발칸 반도 뉴스를 독점했다. 신문사가 전 세계 뉴스를 실으려면 중

로이터 통신 로고

국 뉴스는 로이터로부터, 아프리카 뉴스는 아바스로부터, 러시아 뉴스는 볼프로부터 돈을 주고 사야 했다. 통신사는 뉴스에 자기 입장을 내세우지 않았다. 같은 뉴스를 여러 신문사에 팔아야 했기 때문이다. 현재 세계 3대 통신사는 AP(미국), 로이터(영국), AFP(프랑스)이다. AFP는 아바스 통신사가 뿌리다.

신문 산업 규모가 커지다

신문사의 규모가 커지면서 신문 발행에도 많은 돈이 필요했다. 1835년에 새롭게 신문을 만드는 데 5백 달러 정도가 들었다. 1841년에는 2천 달러로 늘었다. 영국의 유명한 소설가인 찰스 디킨스가 1846년 『데일리 뉴스』를 창간하는 데 영국 돈 10만 파운드가 필요했다. 인쇄기만 해도 수만 달러가 넘었다.

신문사에서 일하는 직원 숫자도 늘어났다. 외국이나 지방에 나가 취재하는 기자도 많아졌다. 독자도 늘어나자 기업이 신문 광고를 싣고 싶어 했다. 신문사는 신문을 파는 것보다 광고를 싣고 버는 돈이 많아졌다. 신문은 커다란 산업으로 성장했다.

신문사에서 일하는 사람

신문사 직원이 하는 역할도 자세히 나뉘었다. '발행인'은 신문 인쇄, 정책, 재정, 기사 등 모든 일을 책임졌다. '편집장'은 기자가 하는 일과 신문 전체를 어떻게 구성할지 결정했다.

다루는 뉴스에 따라 담당 부서가 있었다. 범죄, 사고 등을 다루는 사회부, 경제 뉴스를 다루는 경제부, 스포츠 소식을 다루는 스포츠부 등이 있었다. 부서마다 '편집인'이 어떤 기사를 얼마나 중요하게 다룰지를 정했다. 기사를 미리 읽어보고 틀린 문장이나 문법을 고치는 '교열 편집인'도 있었다.

신문사의 중심은 '기자'였다. 기자가 쓴 기사가 신문을 흥미롭게도 하고 지루하게도 했다. 좋은 기사는 구독자를 늘렸다. 기자는 개인과 사회에 큰 영향을 미쳤다. 기사를 어떻게 쓰느냐에 따라 특정 회사를 흥하게도, 망하게도 했다. 개인을 영웅으로 만들 수도, 악당으로 만들 수도 있었다. 기자는 높은 도덕성과 윤리 의식을 갖추어야 했다. 은밀히 부정부패를 파헤쳐 세상에 알리는 기자가 '탐사 기자'이다. 좋은 기사를 쓰는 탐사 기자는 독자들의 사랑과 존경을 받았다.

해외에서 뉴스를 전하는 사람은 '통신원'이다. 이전에는 해외에 있는 상인, 회사원, 외교관 등에게서 뉴스를 얻었다. 신문 사업이 커지면서 기자를 해외 통신원으로 보냈다. '특파원'이라고도 한다. 기자는 감추어진 잘못을 찾아내기 위해 서로 경쟁했다. 전쟁터도 피하지 않

전쟁에서 활약한 기자

해외 특파원이 쓴 기사는 사회에 큰 충격을 주기도 했다. 1853년 영국은 러시아와 전쟁(크림 전쟁)을 벌였다. 영국 『더 타임즈』 기자였던 '윌리엄 하워드 러셀'은 전쟁터에 특파원으로 나갔다. 거기서 다친 영국 병사들이 처한 비참한 환경을 목격했다. 그는 이 뉴스를 영국에 알렸다. 뉴스를 본 영국인은 충격을 받았다. 부상병 치료를 개선하자는 사회적 움직임이 생겨났다. 플로렌스 나이팅게일*과 수녀들이 전쟁터로 나갔다. 이들은 부상병 치료 체계를 크게 바꾸었다. 오늘날에도 기자들은 전쟁터에 들어가 뉴스를 취재한다. 이 중에는 목숨을 잃은 사람도 많다.

1854년의 윌리엄 하워드 러셀

왔다. 미국 남북전쟁 당시에는 150여 명의 기자가 다른 사람들은 아직 알지 못하는 '특종'을 얻기 위해 다투었다.

언론은 진실을 찾기 위해 싸우고 민주주의를 수호하고자 했다. 신문은 '민중의 대변자'로 나섰다. 기자는 유명인이 되었다.

---

* 영국의 간호사, 크림 전쟁에서 크게 활약했다.

흥미를 위주로 하는 신문 탄생

19세기 말부터 언론은 새로운 흐름을 탔다. 신문과 잡지는 정치나 사회 문제 위주에서 생활 주변 이야기로 뉴스 범위를 넓혔다. 독자의 관심을 끄는 충격적인 기사로 새로운 흐름을 주도하는 언론인도 등장했다. 대표적인 인물이 조지프 퓰리처(1847~1911)다. 퓰리처는 처음에는 기자로 이름을 날렸다. 탐사 기자로 권력층과 부유층을 날카롭게 비판했다. 1878년부터는 아예 신문사를 사들여 직접 신문을 만들었다. 1883년에는 망해가던 『뉴욕 월드』 신문을 샀다.

그는 "재미없는 신문은 죄악이다"라고 주장하며 신문을 독특하게 만들었다. 재미있는 기사 위주였지만 개혁적이고 진보적인 정치 기

경쟁 관계였던 퓰리처(왼쪽)과 허스트(오른쪽)

모험을 무릅쓴 기자, 넬리 블라이

넬리 블라이는 미국 기자로 본명은 '엘리자베스 코크레인'이다. 퓰리처가 운영하는 『뉴욕 월드』소속 탐사 기자였다. 1887년 정신병자로 위장해 정신병원의 현실을 밝힌 기사로 이름을 알렸다. 1889년에는 세계 일주에 도전했다. 프랑스 작가 '쥘 베른'이 쓴 『80일간의 세계 일주』를 따라한 것이다. 블라이는 소설 주인공보다 빠르게 세계 일주를 마치려 했다. "실패하면 뉴욕으로 돌아가지 않을 것"이라는 각오로 출발했다. 뉴욕을 떠나 유럽을 거쳐 수에즈 운하로 아시아로 향했다. 스리랑카, 홍콩, 말레이시아, 일본을 지나 72일 만에 뉴욕으로 돌아왔다. 뉴욕 월드는 블라이의 기사를 연재해 큰 인기를 끌었다.

세계 일주를 떠나는 넬리 블라이

사도 다루었다. 뉴욕 월드는 미국에서 가장 많이 팔리는 신문이 되었다. 퓰리처와 경쟁한 언론인은 윌리엄 랜돌프 허스트(1863~1951)였다. 그는 20대부터 아버지 소유 신문사를 경영하기 시작했다. 1895년 『뉴욕 저널』을 운영하며 퓰리처와 경쟁했다.

퓰리처와 허스트의 뉴스 경쟁

퓰러처와 허스트는 독자의 관심을 끌기 위해 여러 방법을 사용했다. 1면 머리기사로 흥미 위주의 기사를 커다란 사진이나 그림과 함께 실었다. 확인되지 않은 뉴스를 우선 퍼트리고 나중에 취소했다. 자신들이 다른 집단보다 우월하다는 식으로 애국주의와 민족주의를 자극했다. 어디서 얻었는지 확인할 수 없는 정보를 활용했고 신문사가 스스로 뉴스거리를 만들어 보도하기도 했다.

보수적인 언론은 이런 신문을 못마땅하게 생각했다. 불매운동도 일어났다. 뉴욕 공립 도서관에는 이 신문이 들어가지 못했다. 점잖은 사교 모임에서도 보지 않았다. 하지만 퓰리처와 허스트가 내는 신문

메인 호 폭발 당시 실렸던 『뉴욕 월드』(왼쪽)와 『뉴욕 저널』(오른쪽) 기사

을 읽는 사람은 계속 늘어났다. 허스트는 뉴욕 말고 다른 도시에서도 비슷한 신문을 발행하기 시작했다. 얼마 지나지 않아 미국 신문은 대부분 큰 사진과 그림을 1면에 걸었다.

신문은 전쟁을 부추기기도 했다. 1898년 당시 스페인 식민지였던 쿠바 아바나 항구에서 미국 전함 메인 호가 폭발했다. 뉴욕 월드와 뉴

황색 언론, 옐로 저널리즘

독자의 흥미를 자극하는 재미 위주로 보도하는 언론을 '황색 언론'이라 한다. 이 이름은 퓰리처와 허스트의 경쟁에서 나왔다. 허스트의 『뉴욕 저널』과 퓰리처의 『뉴욕 월드』는 일요일마다 특별한 신문을 냈다. 가장 인기를 끈 것은 만화였다. 뉴욕 저널은 1889년 일요일 신문에 만화를 실어 큰 인기를 끌었다. 이 만화 주인공은 '노란 꼬마'였다. 이 만화의 인기가 높아지자 허스트는 뉴욕 저널 편집인과 만화 작가를 스카우트했다. 퓰리처도 가만있지 않았다. 다른 만화가가 이전 만화를 그대로 이어받아 그렸다. 같은 만화가 동시에 두 신문에 실린 것이다. 두 신문이 치열하게 경쟁하는 모습을 두고 노란 꼬마에서 이름을 따 황색 언론이라 비꼬았다.

만화 주인공 노란 꼬마, 옐로 키즈

욕 저널은 이 폭발이 스페인군이 한 짓이라 단정해서 보도했다. 두 신문은 경쟁하듯 스페인에 대한 증오와 반감을 자극했다. 결국 스페인과 미국은 전쟁을 벌였다. 미국이 이겨 필리핀, 괌, 푸에르토리코를 차지했다. 메인 호가 폭발한 실제 원인은 분명하게 밝혀지지 않았다. 1971년 조사에서는 보일러실 내부 폭발이 원인이라고 밝혔다. 1998년 조사는 기뢰* 때문이라고 추정했다. 2002년에는 석탄 창고에서 불이 났기 때문이라는 조사 결과도 나왔다.

권위를 세운 신문

황색 언론을 비판하는 독자도 많았다. 신문 업계도 황색 언론 때문에 일어나는 피해를 없애자고 소리 높였다. 그러나 독자는 쉽게 황색 언론을 떠나지 않았다. 황색 언론은 재미있고 값도 쌌기 때문이다.

1851년 창간한 『뉴욕 타임스』는 원래 한 부에 3센트였던 고급 신문이었다. 하루에 9천 부 정도를 발행했지만 매달 손해를 보았다. 1891년 경영을 맡은 아돌프 옥스(1858~1935)는 과감하게 신문 값을 1센트로 내렸다. 그리고 황색 언론과는 반대로 신문을 만들었다. 확인 안된 특종보다는 정확하고 완전한 기사를 빠르게 실었다. 국제 문제, 정치, 경제 분야의 기사도 강화했다. 뉴욕 타임스는 차차 성장했다. 20

---

* 적의 함선을 파괴하기 위하여 물속이나 물 위에 설치한 폭탄.

세기 초에는 30만 부까지 늘어났다. 현재도 미국을 대표하는 권위 있는 신문으로 꼽힌다.

1908년 보스턴에서 『크리스천 사이언스 모니터』라는 신문이 탄생했다. 교회에서 만드는 신문이지만 종교적 내용은 싣지 않았다. 대신 문학, 미술, 음악 분야에서 뛰어난 기사

1918년 11월 11일자 『뉴욕 타임스』

를 실었다. 판매 부수가 늘어난 것은 물론 독자가 크게 신뢰하는 신문이 되었다. 뉴욕 타임스와 크리스천 사이언스 모니터는 흥미 위주 황색 언론이 아니더라도 충분히 성공할 수 있음을 보여주었다.

언론인 특징

일하는 데 전문 지식이나 기술이 필요한 직업을 '전문직'이라 한다. 보통 전문직에 종사하기 위해서는 특별한 교육이나 자격 또는 면허가 필요하다. 언론인은 전문직이다. 하지만 다른 전문직과는 다르게 학력, 자격, 면허가 필요 없다. 19세기 이후 대학 교육을 받은 대부분

사람이 언론인이 되었다. 잘사는 집에서 태어나 좋은 대학을 나온 언론인도 있었지만 어린 나이에 신문사에서 허드렛일하기 시작해 나중에 훌륭한 언론인이 된 사람도 있었다.

언론인에게 국가나 공공기관이 특별한 면허나 자격을 주지는 않는다. 신문사에 취직해 뉴스를 다루는 일을 하면 언론인이다. 대신 언론인이 모여 만든 조합이나 협회에서 자격, 윤리 규칙 등을 관리한다. 나라마다 조합이나 협회의 역할은 조금씩 다르다.

영국 언론인 조합은 가난한 회원을 경제적으로 돕는다. 프랑스 언론인 조합은 정치적 압력에 의해 쫓겨난 언론인을 지원한다. 우리나라에도 한국언론인협회와 한국기자협회가 있다. 한국언론인협회는 언론인 교육, 해외 언론 단체와 교류, 언론인 상 시상 등이 주 사업이다. 한국기자협회는 언론 자유 수호를 가장 큰 목표로 한다.

중국에 들어간 서양 언론

서양 언론 도입

19세기 이후 중국은 서양 문물과 함께 근대 언론을 받아들였다. 기독교를 전파하려는 개신교 선교사들이 처음 중국어 잡지와 신문을 만들었다. 1815년 영국 선교사 윌리엄 밀른(1785~1822)이 말레이시아에서 중국 최초 월간 잡지 「찰세속매월통기전」을 발간했다. '세상 일(세속)을 살펴(찰) 매달(매월) 전부 기록해서(통기) 전(전)한다'는 뜻이다. 종교를 알리고 도덕을 강조하는 기사가 많았다. 천문학, 역사 등의 내용도 있었다. 이후 서양 선교사가 발간한 잡지가 여럿 나왔다. 주로 중국이 아닌 동남아 지역에서 발간되었다. 중국보다 서양인이 드나들기 쉬웠기 때문이다.

아편 전쟁과 서양 세력의 중국 진출

18세기 말 청나라는 혼란스러웠다. 정부는 능력이 없었고 관리는 뇌물을 밝혔다. 농민은 가혹한 세금에 시달렸다. 치안도 어지러워 여기저기에서 반란이 일어났다. 서양 여러 나라는 본격적으로 중국에 들어갔다.

중국 차는 영국에서 최고로 인기가 높았다. 차를 수입하는 데 많은 돈이 들자 영국은 대신 마약인 아편을 팔아 마련한 돈으로 차를 사 갔다. 아편이 유행하자 나랏돈이 빠져나가고 백성이 병들었다. 청나라 정부는 당시 영국 배가 들어오던 광둥 항구에서 아편을 몰수해 불태워버렸다. 이 사건으로 두 나라 사이에 갈등이 커졌다. 청나라는 영국과 교역을 금지했다. 1839년 11월 영국 함대와 중국 함대가 충돌하면서 아편 전쟁이 시작되었다. 청나라는 우수한 무기를 갖춘 영국을 당할 수 없었다. 전쟁에 패배한 청나라는 영국과 1842년 난징 조약을 맺었다. 청은 영국에 홍콩을 내주고, 5개 항구를 외국에 열고, 막대한 배상금을 물었다. 미국, 프랑스, 독일 등도 중국에 진출했다. 1846년 금지하던 기독교를 허용하면서 선교사와 함께 서양 문물도 들어왔다. 선교사들은 학교, 병원을 짓고 잡지와 신문을 발간했다.

외국인이 처음 만든 신문과 잡지

19세기 동남아와 중국에는 상인, 여행자, 외교관 등 많은 외국인이

태평천국과 근대 언론

광둥성 출신 홍수전(1814~1864)은 기독교 사상을 받아들여 1851년 중국 남동부에 '태평천국'을 세웠다. 태평천국은 유교를 비난하고 평등을 추구했다. 토지를 골고루 나눠주고 사유재산을 인정하지 않았다. 홍수전을 돕던 참모 홍인간(1822~1864)은 신문을 발행하자고 건의했다. 홍인간은 한때 홍콩에서 서양 선교사를 도와 일하면서 언론이 하는 역할을 깨달았다. 그는 왕은 신문을 보고 나라를 다스리는 방법을 배우고, 사대부는 세상 물정을 파악하고, 상인과 농민은 옳고 그름을 구분할 수 있다고 주장했다. 성실하고 아첨할 줄 모르는 강직한 사람을 '신문관(기자)'으로 삼아 각 지역 뉴스를 취재하자고 제안했다. 홍수전이 제안을 수락하지 않아 성공하지는 못했지만, 시대를 앞선 주장이었다.

활동했다. 이들은 자기들이 보는 신문을 만들었다. 마카오, 광저우 등 교역 중심지에서 포르투갈어, 영어 등으로 된 신문과 잡지가 나왔다. 1858년 오정방(1842~1922)은 홍콩에서 영국인이 발행한 신문 『데일리 프레스』를 중국어로 옮긴 『중외신보』를 창간했다. 중국 최초의 일간 신문이다. 1857년 상하이에서 「육합총담」이라는 과학 잡지도 나왔다. 화학, 지구과학, 생물학, 천문학, 전기공학, 물리학 관련 기사를 주로 실었다. 이후 많은 신문과 잡지가 등장했다. 대부분 외국인이 만들었다.

발전하는 신문

1860년대 이후 청나라는 서양 과학 기술을 적극적으로 받아들였다. 서양 무기를 도입하고, 증기선을 만들었다. 정치와 사회 제도도 개혁했다. 외국어 서적, 신문, 잡지도 늘어났다. 1872년 외국 신문 기사를 중국어로 번역하지 않고 직접 취재한 신문『신보』가 상하이에 등장했다. 신보는 영국 상인이 발행했다. 외국 뉴스는 서양 신문을 보고 옮겼고, 국내 뉴스는 직접 취재했으며, 독자가 제보하는 기사도 있었다. 시와 소설을 싣기도 했다. 전국으로 구독자가 늘어났다. 1873년 '예소매'가 중국인 최초로『소문신보』를 만들었다.

1874년 왕도(1828~1897)는 홍콩에서『순환일보』를 창간했다. 순환일보를 제대로 된 첫 근대 중국 신문으로 꼽는다. 순환일보는 '변법자강*'사상을 주장하면서 낡은 중국 정치 제도를 비판했다. 부패한 관리를 고발하기도 했다. 대중 교육에도 힘썼다. 서양인이 만든 신문에

1882년 4월 15일 자『순환일보』

잘못된 기사를 바로잡았다. 신문 기사도 뛰어났다. 어렵지 않게 참신하고 세련된 문장으로 기사를 썼다. 또한 독자에게 신문을 빨리 전달하려고 노력했다. 당시 홍콩에서 다른 지역

---

* 앞선 서양 과학 기술뿐 아니라 정치제도 개혁까지 받아들여 국가를 강하게 바꾸려는 생각.

중국 제일 언론인, 왕도

왕도는 청나라 말기를 대표하는 언론인이다. 가난한 학자 집안에서 태어나 과거 1차 시험에 급제했으나 최종 합격은 하지 못했다. 젊은 시절 상하이에서 영국인 선교사가 운영하는 출판사에서 일했다. 이때 신문을 처음 보았다. 그는 서양인이

발행하는 신문 편집인으로 일했다. 1867년부터 2년간 영국에 머물면서 신문과 인쇄, 출판을 배웠다. 1870년 중국으로 돌아와 신문 발행을 준비했다. 1874년 2월 4일 『순환일보』 창간호를 내었다. 1875년에는 변법자강 관련 책을 출간했다. 사람들은 그를 중국 제일 언론인이라 부른다.

왕도의 초상

으로 가는 배는 오후 4시에 출발했는데, 오후 4시 이전에 순환일보를 만들어 보냈다. 마카오나 광둥 지역 독자도 그날 뉴스를 저녁에 알 수 있었다. 순환일보는 큰 인기를 끌었다.

신문사는 커졌지만, 어려워지는 경영

신문을 발행하는 회사는 점점 커져 주식회사 형태가 되었다. 신문을 만드는 회사를 대표하는 발행인, 편집 방침을 결정하고 책임지는 '주필', 기사를 선택하고 배치하는 편집인, 뉴스를 취재하고 기사를

쓰는 '채방원(기자)' 등 역할을 나누었다. 언론인은 당시 최고 지식인으로 명성이 높았다. 여전히 정부 비판 뉴스는 신문에 싣기 어려웠다, 혹시 문제가 될까 정부에 해가 될 만한 사건 뉴스는 제대로 보도하지 않았다. 황제 칙령, 조정 발표, 관리 임명, 과거 시험 결과 등이 주요 뉴스였다. 도난, 강도, 화재, 기근, 홍수 등도 기삿거리였다. 물가, 선박이 들고 나는 정보, 연극 프로그램도 소개했다.

신문을 읽는 독자는 그리 많지 않았다. 신문마다 수백 부 정도를 발행했다. 신문 판매 수입과 광고료 수입도 몇 푼 안 되었다. 대부분의 신문사는 경영이 어려웠다.

개혁을 주장한 신문

1894년 청나라는 일본과의 전쟁에서 패했다. 큰 충격을 받은 청나라 안에서 정치와 사회를 개혁해야 한다는 주장이 힘을 얻었다. 캉유웨이(1858~1927)와 량치차오(1873~1929)*가 대표적 인물이다. 이들은 신문과 잡지가 국민을 계몽하는 좋은 도구라 생각했다.

캉유웨이는 정치 개혁 모임 '강학회'를 만들었다. 강학회는 1985년 『중외공보』,『강학보』를 창간했다. 중외공보는 중국뿐 아니라 세계 뉴스를 담았다. 1천~2천 부를 인쇄해서 베이징 중심으로 배포했

---

* 외래어 표기법에 따라 1911년 신해혁명을 기준으로 활동 시기가 그 이전 사람 이름은 한자음, 그 이후는 중국어 발음으로 표시한다.

다. 강학보는 상하이 강학회 지부에서 만들었다. 정치 개혁이 힘을 받자 두려움을 느낀 보수 세력은 강학회를 강제 해산했다. 개혁 세력은 강학보 대신 1896년 『시무보』를 만들었다. 새로 나온 시무보는 내용과 품질이 뛰어나 큰 인기를 끌었다, 1898년에는 1만 2천여 부를 발행했다. 시무보는 상하이를 넘어 중국 전역에 퍼졌다.

중외공보나 강학보를 따라 개혁 사상을 알리는 신문과 잡지도 많이 나왔다. 이 신문들은 황제를 그대로 두고 권한을 빼앗은 '입헌군주제'로 개혁하자고 주장했다. 독자는 주로 지식인, 사대부 계층이었다.

혁명을 부르짖는 신문

1899년 정치가이자 혁명가 쑨원(1866~1925)은 홍콩에서 『중국일보』를 창간했다. 중국일보는 청나라를 없애고 군주제를 폐지하자고 주장했다. 청나라 정부와 싸우는 혁명가를 보도하면서 혁명 사상을 고취했다. 이들은 여성용 신문과 잡지도 만들었다. 1903년 『소보』를 만들어 반청 혁명을 부르짖었다. "만청(만주족이 세운 청나라)은 우리 적이다", "4억을 위해 한 사람(황제)을 죽이는 것은 마땅한 일이다"가 혁명 신문이 내세운 구호다. 청나라 정부는 1903년 소보를 금지했다. 뒤를 이어 여러 혁명파 신문이 등장했다.

1905년 쑨원은 여러 혁명 단체를 모아 '동맹회'를 조직했다. 동맹회는 『민보』라는 신문을 만들었다. 민보를 해외에서 인쇄해 일본, 미

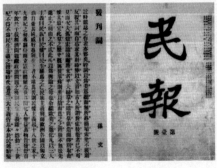
동맹회 기관지였던 『민보』

국, 캐나다, 베트남, 필리
핀, 말레이시아, 싱가포르
등지에 보급했다. 중국 본
토에도 몰래 들여와 퍼트
렸다. 혁명파 신문은 일반
대중을 독자로 삼았다. 누
구나 기사를 이해하도록
쉽게 썼다.

관보도 등장하다

청나라 정부는 1896년 '관서국'을 설치했다. 관서국은 출판과 인쇄
를 담당했다. 이곳에서 『관서국보』라는 근대 신문을 발행했다. 외국
신문을 번역한 『관서국역보』도 내었다.

청일전쟁 후 개혁 사상이 번성했다. 당시 최고 권력을 가진 서태
후*는 황제를 가둬두고 개혁파를 몰아냈다. 언론을 장악해 신문과
잡지를 철저히 감시하고 통제했다. 개혁파 신문과 잡지는 모두 없앴
으며 기자와 편집자를 잡아 가두었다. 관서국도 폐지했다.

1901년부터 지방 정부에서 공식 신문 『관보』를 발간했다. 관보는

---

* 일명 자희태후, 아편 전쟁 후 황제 대신 섭정으로 47년간 중국을 다스렸다.

"과격하고 잘못된 논의가 어리석은 백성을 혼란에 빠트리지 않도록" 한다고 발간 목적을 밝혔다. 1906년에는 정부 부처마다 관보를 내었다. 상업 담당 부서는 『상무관보』, 교육 담당 부서는 『학무관보』 등을 만들었다. 중앙 정부 전부를 대표하는 『정치관보』도 있었다.

신해혁명과 언론

1911년 우창에서 시작된 신해혁명으로 청나라는 멸망하고 국민당이 주도하는 공화제 국가 중화민국이 탄생했다. 신해혁명 이후 언론은 크게 발전했다. 1911년 말 100여 종이 채 안 되었던 신문과 잡지는 1912년 말 270여 종으로 늘었고 1923년에는 1천여 종이 넘었다. 수만 부 이상 발간하는 신문도 생겨났다. 해외에 특파원을 보내는 신문도 있었다.

1921년 중국 공산당이 창당했다. 중국 공산당은 당을 만들기 전부터 작은 규모로 주간 신문을 여러 종류 발간했다. 공산당은 신문과 잡지를 적극적으로 이용해 세력을 넓혔다.

1915년 발간된 중국공산당 기관지 「신청년」

우리나라 근대 언론 탄생

관보가 등장

조보는 19세기 말까지 이어졌다. 1894년 갑오개혁 이후 조선 정부는 조보 대신 『관보』를 발행했다. 1895년 4월에는 관보 기사를 법률, 칙령, 인사, 궁정 소식 등으로 묶어 구분했다. 낼 때마다 몇 번째인지 '호수'를 매겼다. 그해 6월에는 신식 활자로 인쇄하고 2단으로 구성했다. 표나 그림도 실었다. 관보 뒤에 '정사'와 '의안'을 덧붙이기도 했다. 정사는 관직 선발 절차나 새로 관리

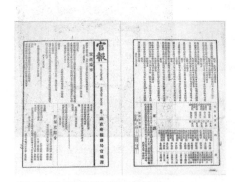

1901년 2월 8일자 관보(국립민속박물관)

가 된 사람과 승진한 사람 명단을 알렸다. 공무원 채용 공고와 합격자 발표와 비슷하다. 양반 관리는 조정 인사 소식에 특히 관심이 많았다. 고위 관리 부모나 조부모가 죽으면 명예 관직이나 작위를 내리는 '추증' 명단도 정사에 실렸다. 새로 만든 법률은 의안으로 알렸다. 관보는 1910년 말까지 발행되었다.

근대 신문을 접하다

1876년 일본은 군함을 앞세워 강제로 조선과 강화도 조약을 맺었다. 조선은 부산, 원산, 인천의 세 항구를 열어 외국과 교역을 허락했다. 이를 '개항'이라 한다. 강화도 조약은 일본이 조선을 침략하는 길이 되었다. 이후 조선은 미국, 청나라, 영국, 독일, 러시아, 프랑스와 잇달아 통상 조약을 맺었다. 일본과 청나라, 미국에 사절단과 유학생을 보냈다. 새로운 서양 문물을 받아들여 사회 제도를 고쳤다. 1876년 외교 사절(수신사)로 일본에 다녀 온 김기수(1831~1894)는 『일동기유』라는 기행문을 남겼다. 여기에 "신문이 있어 날마다 활자로 인쇄한다. 신문이 없는 곳이 없고 정부나 민간 이야기를 입에 침이 마르기도 전에 사방에 전달한다"라고 기록했다.

우리나라 최초의 근대 신문 한성순보

1881년 부산에 살던 일본인들은 『조선신보』를 만들었다. 조선인을 위한 신문이 아니라 조선에 사는 일본인이 보기 위한 신문이었다.

1882년 박영효(1861~1939)는 수신사로 일본을 방문했다가 돌아오는 길에 인쇄 기술자, 편집 기술자 7명을 데리고 왔다. 박영효는 이들과 함께 신문 발간을 추진했다. 실제 일은 '유길준'이 담당했다. 유길준은 1881년 일본에 가서 5개월간 유학하면서 신문 창간 과정을 옆에서 지켜볼 기회를 얻었다. 박영효가 데려온 기술자들과 함께 신문을 만들었다. 유길준이 1883년 7월 외교 사절 수행원으로 미국으로 떠나면서 신문 발간이 몇 달 늦어졌다. 1883년 10월 31일 드디어 『한성순보』가 모습을 드러냈다. 우리나라에서 최초로 발간된 근대 신문이다. 10일마다 발간해서 순보旬報였다. 정부 소속 인쇄소인 '박문국'에서 만들었고 기자, 편집인 등은 모두 관리였다. 관청에서는 한성순보를 반드시 구독해야 했다. 거리에서는 한성순보를 30전에 팔았다. 기사는 한문으로 썼기 때문에 독자는 한문을 읽을 수 있는 양반, 관리였다. 국내 뉴스는 정부 자료를 바탕으로 했는데 시사 뉴스, 서양 문화 소개 등 관보에 없는 내용도 많았다. 국가 기관에서 발행했기에 정부나 관리를 직접 비판하지는 못했다.

『한성순보』 창간호, 우측 아래 몇 번째 인지(제호)와 발행 날짜, 그 옆에 '총리아문박문국'이라고 발행 기관이 나와 있다.

갑신정변과 한성주보

1884년 김옥균, 박영효, 서재필, 서광범 등 급진 개화파는 수구* 보수파를 몰아내기 위해 쿠데타**를 시도했다. 군대를 동원해서 당시 권력을 잡고 있던 민씨 일파를 잡아들이고 처형했다. 하지만 민심은 이들을 외면했다. 청나라 군대가 공격하자 급진 개화파는 견디지 못하고 3일 만에 도망쳤다. 갑신정변이 실패하자 보수파는 박문국을 공격해 파괴했다. 한성순보도 발행할 수 없었다.

1886년 온건 개화파는 한성순보를 이어 『한성주보』를 만들었다. 한성주보는 우리말과 한문을 섞어 썼다. 인쇄 기술이 발전해 질도 좋아졌다. 최초로 광고를 싣기도 했다. 1888년 박문국을 폐지하면서 한성주보도 없어졌다.

친일 신문에 대적하기 위한 새로운 신문

서재필은 갑신정변이 실패하자 일본을 거쳐 미국으로 망명했다. 그는 미국에서 대학을 마치고 의사가 되었다. 미국 시민권도 얻었다. 서구 민주주의 사상과 제도에 익숙해졌다. 1895년 조선 정부는 서재필을 용서하고 역적이라는 죄명을 벗겨주었다.

그해 일본인 아다치 겐조(1864~1948)는 『한성신보』라는 신문을 만

---

* 옛 제도나 풍습을 지킴.
** 무력으로 정권을 무너뜨리거나 빼앗는 일.

들었다. 신문 발간에 필요한 필요한 돈은 일본 외무성이 댔다. 한성신보는 조선 침략을 위한 선전이 목적이었다. 조선과 왕을 비웃는 기사를 실었다. 을미사변*에 사장 아다치 겐조와 사원이 가담해 범죄를 저지르기도 했다.

조선 정부에게는 한성신보에 대응하는 신문이 필요했다. 서재필은 정부로부터 지원받아 1986년 『독립신문』을 창간했다. 정부는 관리와 학생들에게 독립신문을 읽도록 권장했다.

제대로 된 신문, 독립신문

독립신문은 일주일에 세 번 나왔다. 순우리말로 쓴 기사를 실었고 영문판도 내었다. 신문 이름은 가로로 썼는데, 가로쓰기는 당시 엄청난 파격이었다. 빈칸 띄어쓰기도 적용했다. 독립신문은 '언문일치(말하는 것과 같도록 글을 씀)', '염가(값이 싼) 신문', '국민 권익'을 목표로 내세웠다. 내용도 뛰어났다. 인권 신장, 외국 열강 침략 비난, 미신을 물리침, 여성 교육 필요성 강조, 평등한 세상 건설, 대중 교육 등을 신문에 담았다.

1897년에는 영국 로이터 통신과 계약을 맺고 외국 소식도 전했다. 광고면을 만들어 광고도 적극적으로 실었다. 처음에 3백 부로 시작

---

* 일본군이 경복궁에 난입, 왕비 민씨를 살해한 사건. 민비는 대한제국 수립 후 '명성황후'라는 시호를 받았다.

한 독립신문은 금방 3천 부 넘게 찍었다. 신문 한 부를 여럿이 돌려 읽었고 광장이나 장터에서 큰 소리로 신문을 읽어주는 사람도 있었다.

서재필은 '독립 협회'라는 단체도 만들었다. 독립 협회는 정치 개혁, 민권, 참정권, 외국 침략에 저항, 노비 제도 폐지 등을 주장했다. 독립 협회는 점점

『독립신문』 창간호

성장해 1897년 시민, 상인, 지식인 등이 참여해 토론하는 '만민공동회'도 개최했다. 독립 협회가 요구하는 개혁이 부담스러워진 조선 정부는 독립 협회를 불법 단체로 만들었다. 1898년 서재필은 다시 미국으로 떠났다. 독립신문도 1899년 없어졌다.

독립신문을 이은 신문들

독립신문을 이어받은 신문이 등장했다. 1885년 미국인 선교사 아펜젤러(1858~1902)는 1885년 서울에 근대식 학교 배재학당을 열었다. 배재학당 학생회인 협성회는 1898년 『협성회 회보』라는 주간 신문을 만들었다. 14호까지 발간한 다음에 매일 펴내는 『매일신문』으

로 탈바꿈했다. 매일신문은 독립신문보다 더 혁신적이고 진보적인 주장을 폈다. 훗날 대한민국 초대 대통령이 되는 이승만이 매일신문 기자였다.

그해 8월 이종일(1858~1925)은 『제국신문』을 펴냈다. 순우리말 신문이었다. 한문을 모르는 중산층 이하 서민, 여성이 주 독자였다. 문명개화 및 국권 수호 등을 다뤘다. 서재필과 함께 독립 협회에서 개화 운동을 펼쳤던 남궁억(1863~1939)은 1898년 9월 『황성신문』을 창간했다. 황성신문은 우리말과 한문을 섞어 썼다. 양반이나 유생 등 중산층 지식인이 좋아했다. 외국 뉴스도 실었다. 박은식, 장지연, 신채호 등 쟁쟁한 유학자, 역사학자들이 글을 썼다.

외국 선교사들이 만든 기독교 신문도 있었다. 아펜젤러는 1889년부터 『조선 그리스도 회보』라는 신문을 내었다. 언더우드(1859~1916)

APPENZELLER AND HIS STUDENTS.

아펜젤러(세 번째 줄 오른쪽)와 그가 가르쳤던 학생들

는 1897년 『그리스도 신문』을 창간했다. 기독교 신문은 미신 타파에 힘썼다. 불교를 비판하는 글도 자주 실었다. 그리스도 신문은 최초로 '경품'을 걸고 독자를 모집했다. 사진으로 뉴스를 전하기도 했다.

일제 탄압에 저항하는 신문

1904년 러시아와 전쟁에서 승리한 일본은 본격적으로 조선 지배를 강화했다. 일제는 1905년 우리 정부에 '을사늑약'을 맺도록 강요했다. 이 조약으로 조선은 일제에 외교권을 내주었다. 일제는 '통감'을 두고 대한제국을 지배했다. 그 당시 황성신문 사장이었던 장지연(1864~1921)은 황성신문에 '시일야방성대곡(이날 크게 목놓아 우노라)'이라는 글을 실었다.

> "4천 년 강토와 5백년 종사를 남에게 바치고, 2천만 국민을 남의 노예가 되게 하였으니… (중략) …분하도다! 우리 2천만 타국인의 노예가 된 동포여! 살았는가! 죽었는가! 단군, 기자 이래 4천 년 국민 정신이 하룻밤 사이에 홀연히 멸망하고 말 것인가! 원통하고 원통하다! 동포여, 동포여!"
> — 시일야방성대곡 일부(1905년 11월 20일자 황성신문 2면)

이 일로 장지연은 구속되었다. 황성신문은 무기한 발간을 중지 당

『대한매일신보』창간호

했다.

1904년 영국인 어니스트 토마스 베델(1872~1909)을 내세워 창간한 『대한매일신보』는 일제에 강력히 저항했다. 당시 영국과 일본은 동맹국이었다. 그래서 영국인이 사장인 대한매일신보는 일제의 검열을 피할 수 있었다. 이 신문은 반일과 민족주의를 강조했다. 신채호와 박은식 등 애국지사가 쓴 글도 자주 실었다. 일제는 일본군과 싸우는 우리 의병을 '도적' 혹은 '폭도'라는 용어로 부르게 했다. 하지만 대한매일신보는 '의병'이라고 썼다. 국한문 혼용, 순우리말, 영문 등 세 종류로 신문을 발행했다. 1만 부가 넘게 발행할 만큼 인기를 끌었다.

법을 만들어 언론을 탄압하다

영국인 사장을 건드리지 못하자 일제는 신문 배달을 방해했다. 신문사 직원을 위협하고 체포했으며, 경찰이 늘 베델을 감시했다. 일제는 1907년 항일 언론 탄압을 위한 법, 「광무신문지법」을 만들었다. 신문을 내려면 관청에서 허가받도록 했다. 신문사는 신문 2부를 미리 제출했다. 관청은 원고를 검열해 마음에 들지 않는 기사는 삭제했다. 신문 발행을 아예 금지할 수도 있었다. 1908년에는 외국 신문도 신문 발행을 아예 막을 수 있게 법을 고쳤다.

일제에 저항한 언론인, 어니스트 베델

어니스트 토마스 베델은 영국 브리스톨에서 태어났다. 일본에서 무역업에 종사했고 1904년 영국 신문 특별통신원으로 우리나라로 건너왔다. 양기탁과 함께 대한매일신보를 창간해 잔혹한 일제 침략을 고발했다. 영국인 신분을 내세워 일본의 간섭을 물리쳤다. 한때 신문사에 "개와 일본인 출입을 금지한다"라고 써 붙였다. 일제의 집요한 공격으로 6개월간 감옥에 갇혔다. 풀려난 후 바로 돌아왔지만 병으로 1909년 5월 3일 세상을 떴다. 한국 이름은 '배설'이다. 그는 "나는 죽지만 신보는 영원히 살아 한국 동포를 구하게 하라"라는 유언을 남겼다. 서울 합정동 양화진 외국인 묘지에 잠들어 있다. 1968년 대한민국 정부는 건국훈장 대통령장을 추서했다. 언론인들은 지금도 베델을 기린다.

2019년 열린 베델 선생 110주기 추모대회(문화체육관광부)

일제는 대한매일신보를 계속 탄압했다. 영국에 요청해 베델을 고소까지 했다. 베델은 결국 상하이에서 감옥에 갇혔다. 베델과 함께 신문을 이끌던 양기탁(1871~1938)도 잡아 가두었다. 1909년 베델은 질병으로 세상을 떠났다. 양기탁도 손을 뗀 1910년, 대한매일신보는 결국 일제 손아귀에 들어갔다.

잡지 언론

잡지는 미국인과 영국인 선교사들이 처음 만들었다. 1892년 프랭클린 올링거(1845~1919)는 배재학당 인쇄소에서 「코리안 리포지터리」라는 잡지를 창간했다. 우리나라 언어, 문화, 역사, 현재 상황 등을 두루 싣는 종합 월간지였다.

1900년 서양인 17명이 '왕립아시아학회 한국지부'를 결성했다. 영국 왕립학회 지부였다. 이들은 「지부 회보」를 만들어 조선에 관한 연구를 이 잡지에 실었다. 이 단체는 일제가 미국과 전쟁을 벌여 미국인을 강제 추방할 때까지 계속 활동했다.*

1901년에는 미국인 선교사 호머 헐버트(1863~1949)가 편집 책임을 맡은 잡지 「코리아 리뷰」가 등장했다. 모두 영어로 쓴 정통 시사, 교양 잡지였다. 우리나라 근대 잡지는 이를 모범으로 삼았다. 우리나라

---

* 1947년 다시 만들어져 지금까지 계속 발행되고 있다.

사람이 만든 첫 잡지는 「대조선
독립 협회 회보」다. 독립 협회에
서 발행한 잡지였다. 많은 잡지가
뒤이어 나왔다.

　1908년에는 청소년 독자와 부
모를 위한 잡지 「소년」이 나왔
다. 시인이자 역사학자 최남선
(1890~1957)이 만들었다. 우리나
라에서 처음 나온 종합 잡지다.
청소년을 계몽하기 위해 새로운

잡지 「소년」 창간호(국립민속박물관)

지식을 전했다. 우리글을 닦는 데도 큰 공을 세웠다. 「해에게서 소년
에게」와 같은 새로운 시도 담았다. 외국 소설도 번역해 소개했다. 지
금도 소년이 처음 발간된 11월 1일을 '잡지의 날'로 기념한다.

20세기 이후
언론

20세기 서양은 기술 발전으로 새로운 뉴스 매체가 나타났다. 라디오와 텔레비전이 등장하면서 사람들은 안방에서 뉴스 현장을 실시간으로 경험할 수 있게 되었다. 우리나라 언론은 일제 강점기에는 일제에, 해방 후에는 독재 정권에 맞서 표현의 자유를 위해 투쟁했다.

자본과 전쟁이 바꾼 서양 언론

대자본과 신문

신문사들은 신문을 많이 팔기 위해 치열하게 경쟁했다. 구독자를 늘리기 위해 선물을 주기 시작했다. 추첨해서 당첨된 사람에게 비싼 상품을 주거나, 복권처럼 상금을 주었다. 신문이 문학이나 그림 대회를 주최하기도 했다.

신문 발행은 커다란 사업이 되었다. 신문을 인쇄하려면 비싼 기계와 넓은 장소가 필요했다. 돈 많은 사업가만 신문사를 시작할 수 있었다. 한 사람이 여러 신문사를 운영하기도 했다. 신문사끼리 모여 커다란 기업을 만드는 일도 있었다. 신문이 신문사 소유자에게 이로운 뉴스만 싣고 대중에게 도움이 되는 뉴스를 소홀히 할 위험이 있었다. 미국과 영국 등은 위원회를 만들어 위험을 평가했다. 위원회는 신문이 책임을 다하지 못하면 규제해야 한다고 주장했다. 반대로 규제가 언론 자유를 해친다는 의견도 강했다.

타블로이드 신문 등장

대부분 신문은 가로 30~37cm, 세로 57~60cm 정도였다. 1903년 영국 신문 '데일리 미러'는 크기를 가로 28cm, 세로 43cm로 줄였다 (현재 우리나라 신문 크기는 가로 37.5cm, 세로 59.5cm이다). 이런 크기를 타블로이드판이라 한다. 타블로이드는 영국 소화제 이름으로 약을 진하게 졸인다는 의미였다. 신문도 작은 크기에 내용을 압축했다. 타블로이드 신문을 접으면 기차에 앉아 옆 사람을 방해하지 않은 채 읽을 수 있었다.

크기만 달라진 것은 아니다. 헤드라인이 커지고 사진이 많아졌다. 사회개혁 같은 진보적 내용보다는 대중의 흥미를 끄는 내용을 담았다. 1919년 미국 최초 타블로이드판 신문 『데일리 뉴스』가 나왔다. 타블로이드판 신문이 나온 후 독자는 더 늘었다. 데일리 뉴스는 1925년에는 매일 100만 부, 1940년에는 매일 200만 부를 발행했다.

오히려 강해진 통제

'표현의 자유'에 대한 인식은 전 세계로 퍼졌다. 하지만 20세기 초, 조직적이고 잔인한 언론 통제가 세계 곳곳에서 일어났다. 1939년 스페인을 장악한 프랑코 독재 정권은 신문을 검열하고 기사를 삭제했다. 검열이 너무 심해 신문이 뉴스가 하나도 없는 백지로 나간 적도 있다. 정권에 반대하는 사람은 잡아들여 감옥에 보냈다. 목숨을 빼앗기도 했다.

독일은 1933년부터 1945년까지 히틀러와 나치당*이 지배했다. 나치는 역사상 찾아보기 힘들 만큼 잔인하게 언론을 통제했다. 신문 뉴

언론 장악의 대명사, 괴벨스

파울 요제프 괴벨스(1897~1945)는 독일 나치 정권의 선전 장관이었다. 괴벨스는 독일 언론, 방송, 영화, 출판 등 모든 분야를 장악했다. 모든 매체를 동원해 히틀러와 나치당을 선전했다. 그는 "거짓말도 100번 하면 진실이 된다"라고 믿었다. 전쟁에 기꺼이 몸 바치도록 독일 국민을 선동했다.

1945년 2차 세계 대전에 패한 히틀러는 스스로 목숨을 끊었다. 히틀러의 최측근이었던 괴벨스도 그 다음날 자살했다. 오늘날 거짓말로 선동하는 상대방을 비난할 때 '괴벨스 같다'라 표현하기도 한다.

나치당의 두뇌로 불렸던 괴벨스
ⓒ Heinrich Hoffmann

---

* 국가사회주의 독일 노동자당. 반유대주의, 전체주의, 인종주의, 군국주의를 내세워 제2차 세계 대전을 일으켰다.

스뿐 아니라 영화, 대중오락, 서적 등도 검열 대상이었다.

제2차 세계 대전이 끝나고 아프리카와 아시아 대륙에는 식민지 지배를 벗어나 새롭게 독립한 국가가 많았다. 신생 독립국에는 민주주의가 자리 잡지 못한 채 독재자가 지배하는 나라도 있었다. 독재 정권은 언론 자유를 허용하지 않았다. 국가에서 언론을 마음대로 주무르고 반대하는 목소리는 막았다. 소련과 동부 유럽, 중국 등 공산주의 국가도 국가에서 언론을 관리했다. 독재 정권이 무너지고 공산권이 몰락하면서 언론 자유는 점차 회복되었다. 최근에도 일부 독재 정권은 여전히 언론을 장악하고 있다. 반란군 출신으로 아프가니스탄을 지배하는 '탈레반'은 방송을 폐쇄하고 언론인을 잡아들였다.

라디오 뉴스 탄생

20세기 초 라디오 방송이 모습을 드러냈다. 1920년 11월 2일 미국 전자제품 회사 웨스팅하우스가 만든 최초의 라디오 방송국 'KDKA'가 문을 열었다. KDKA는 그날 치러진 미국 29대 대통령 선거 결과를 처음으로 방송했다. 워렌 하딩이 대통령으로 당선되었다는 사실이 라디오 뉴스로 전해졌다.

1922년 미국에는 576개의 라디오 방송국이 생겼다. 방송을 들을 수 있는 수신기, 라디오는 약 10만 대가 있었다. 1925년이 되면 라디오는 550여만 대로 늘어난다.

1923년에는 프랑스 최초 라디오 방송국 '라디올라'가 탄생했다. 라디올라는 아바스 통신사로부터 뉴스를 받아 방송했다.

November 2, 1920:
Broadcasting the results of the U.S. presidential election between Warren Harding and James Cox

Photo courtesy of Senator John Heinz History Center

29대 미국 대통령 선거 결과를 방송하는 라디오 뉴스

처음 라디오 뉴스는 신문사 허락을 받아 신문 뉴스를 그대로 읽어 주었다. 라디오 뉴스 기자 역시 신문 기자 출신을 뽑았다. 글로 읽는 기사와 말로 듣는 기사는 달랐다. 신문 기사에 사용하는 단어와 문장을 그대로 읽으면 어색했다. 점차 짧은 문장, 간결한 단어로 라디오 뉴스를 새롭게 썼다.

위력을 발휘하는 라디오 뉴스

라디오 뉴스의 힘은 제2차 세계 대전 동안 드러났다. 1941년 12월 7일 새벽 일본은 미국 하와이 항구 진주만을 선전포고 없이 공격했다. 미국 본토 시간으로 일요일 오후였다. 일요일에는 석간신문이 나오지 않아서 일본이 공격했다는 사실은 라디오 뉴스가 알렸다. 풋볼 경기를 중계하던 라디오는 방송을 중지하고 속보로 전했다. 라디오 방송은 대부분 생중계였다. 라디오는 생생한 전쟁터 목소리를 안방으로 방송했다.

1933년 첫 번째 노변정담을 하는 프랭클
린 루스벨트

미국 대통령 프랭클린 루스벨트는 라디오 연설을 적극적으로 활용했다. 그는 1933년 3월 12일부터 국가 정책을 알기 쉬운 말로 직접 전했다. 연설 끝에 국민에게 국가에 하고 싶은 이야기를 해달라고 부탁했다. 수십만 통의 편지가 쏟아졌고 대통령실은 편지 주요 내용을 정리해서 관련 부서에 전달했다. 마치 요즘 인터넷 게시판과 같은 역할이었다. 프랭클린 루스벨트는 1944년까지 30회 라디오로 연설했다. 청취율은 평균 18%였고 2차 대전 중에는 평균 58%에 달했다. 약 5천만 명이 대통령이 하는 라디오 연설을 들었다. 이 라디오 연설을 '노변정담'이라 한다.

뉴스와 함께 영상을

영국과 미국 과학자들은 1920년대부터 공중으로 쏘는 전파에 영상을 실어 보내는 연구를 시작했다. 그 결과 1941년 작은 규모로 텔레비전 뉴스를 만들었다. 라디오가 뉴스를 소리로 전했다면 텔레비전은 뉴스에 영상을 더했다. 초기 텔레비전 뉴스는 학교 강의와 비슷했다. 지도 앞에서 해설자가 작은 막대를 들고 뉴스를 전달했다. 영상 화질이 나빠 사람 얼굴을 알아보기 힘들 정도였다.

제2차 세계 대전이 끝나자 본격적인 텔레비전 시대가 열렸다. 1949년 미국에는 텔레비전 방송국 100여 개가 있었다. 뉴스 프로그램은 점잖게 차려입은 남성이 엄숙한 표정으로 뉴스를 읽어 주는 식이었다. 뉴스나 사건 관련 사진, 혹은 영상도 같이 보여주었다. 사진이나 영상은 그때까지 볼 수 없었던 현장을 생생하게 전달했다.

뉴스 영상은 방송국이 아닌 다른 회사에서 촬영했다. 때로 영상이 며칠이나 몇 주 늦게 도착했다. 1950년대 이후 텔레비전 방송국은 직접 영상을 찍기 시작했다. 카메라 기자와 제작진을 현장에 파견해서 뉴스를 기록했다. 촬영 필름을 비행기로 빠르게 방송국으로 날랐다. 선을 연결해서 바로 영상을 틀기도 했다.

뉴스 캐스터

라디오와 텔레비전에서 뉴스를 전하는 '뉴스 캐스터' 또는 '뉴스 프레젠터', '뉴스 리더'라고도 한다. 초기에는 단순히 뉴스를 읽어 주는 역할이었다. 뉴스 캐스터는 정확한 발음으로 냉정하게 뉴스를 읽었다. 텔레비전이 널리 퍼지고 뉴스 프로그램 인기가 높아지자 뉴스 캐스터는 점점 뉴스에 자기 해석을 달아 평가했다. 시청자와 대화하듯

앵커, 월터 크롱카이트

뉴스 캐스터를 '앵커'라고도 한다. 앵커는 어려울 때 도움을 청할 수 있는 믿음직한 사람, 이어달리기에서 가장 빠르고 노련한 마지막 주자를 일컫는 말이었

다. 1952년 미국 CBS 뉴스 캐스터 월터 크롱카이트(1916~2009)에게 앵커라는 이름을 처음 붙였다. 월터 크롱카이트는 케네디 대통령 암살 사전, 베트남 전쟁, 아폴로 11호의 달 착륙, 워터게이트 사건 등 많은 역사적 순간을 보도했다. 믿을 수 있고 능숙한 크롱카이트가 언론인 사이에서 앵커였다.

2004년 월터 크롱카이트의 모습

이야기를 나눠 공감을 불러일으켰다. 때로는 감격, 분노, 슬픔 등 감정을 표현했다. 시청자들은 친숙하고 상냥한 사람이 전하는 뉴스를 좋아했다. 뉴스 캐스터마다 독특한 스타일로 뉴스를 보도했다. 뉴스 캐스터는 연예인보다 더 인기 있는 스타가 되기도 했다.

새로운 매체, 인터넷

20세기 후반부터 인터넷으로 전 세계가 연결되었다. 인터넷으로 다양한 뉴스를 보기 시작했다. 신문과 방송도 인터넷으로 뉴스를 보

낸다. 이를 '인터넷 저널리즘' 또는 '온라인 저널리즘'이라고 한다. 처음에는 종이 신문을 그대로 웹 사이트에 옮겨 놓았다. 그 후 독자적인 기사를 발굴하고 하이퍼링크로 추가 정보를 연결했다.

21세기에 들어오면서 내용과 형식이 종이 신문과 달라졌다. '월드 와이드웹WWW'에 잘 맞도록 뉴스를 선택하고 편집했다. 이전까지 뉴스는 대중 모두를 대상으로 했다. 인터넷 뉴스는 일부 계층이나 대상을 정해 꼭 필요한 뉴스만을 골라 전달할 수 있다. 독자는 자기 선호에 따라 뉴스나 방송을 고른다.

인터넷 뉴스는 전달 속도가 매우 빨라서 기자가 글을 쓰면 즉시 독자가 볼 수 있다. 독자가 뉴스를 보고 자기 의견을 바로 올릴 수도 있다. 뉴스는 독자 의견을 받아들여 기사를 고치거나 새로운 뉴스를 발굴하기도 한다. 독자가 뉴스를 제보하는 길도 넓어졌다. 독자가 기삿거리를 전자우편으로 보내 뉴스거리를 제공할 수도 있다. 독자가 직접 뉴스를 취재하고 기사를 써 바로 올리기도 한다.

인터넷 저널리즘은 정해진 형식이 없다. 개인이 게시판에 쓴 글, 블로그에 올린 글, 유명 신문사나 방송국에서 정식으로 올린 뉴스 모두 인터넷 저널리즘이다. 인터넷 저널리즘은 빠르게 성장했다. 신문이 처음 등장해 1천만 명이 읽을 때까지 41년이 걸렸다면 인터넷 저널리즘은 2년 만에 독자가 1천만 명으로 늘었다. 지금은 전 세계 수억 명이 인터넷으로 뉴스를 본다.

거짓 뉴스 문제

뉴스는 사실을 보도하고 한쪽에 치우치지 않아야 한다. 인터넷 저널리즘에서 가장 중요한 문제는 뉴스 신뢰도이다. 정확하지 않은 뉴스, 거짓 뉴스도 많다. 개인이나 집단이 이익을 얻도록 기사를 쓰기도 한다. 선거와 같은 정치 행사 기간에는 더 심하다. 상대방 후보를 비난하는 거짓 뉴스를 일부러 퍼트리는 일도 흔하다. 기사에 다는 댓글이나 게시판에 올리는 독자 의견을 거짓으로 꾸미기도 한다. 몇 사람이 기사를 봤는지도 조작한다.

거짓 뉴스가 퍼져 나가 개인과 사회에 큰 해를 끼치기도 한다. 정부와 언론 단체는 거짓 뉴스를 막기 위해 여러 대책을 마련했다. 하지만 거짓 뉴스는 계속 늘고 있다. 인터넷 저널리즘은 무조건 권위 있는 언론사와 언론인 이름을 걸어 뉴스 신뢰도를 보장하지 않는다. 뉴스를 보는 개인이 믿을 만한지 스스로 판단해야 한다.

신해혁명 이후 중국 언론 발전

통신사 설립

1872년 영국 로이터 통신은 최초로 중국 상하이에 지사를 설치했다. 여기에서 중국 관련 뉴스를 수집해 다른 언론에 제공했다. 로이터 통신은 중국, 우리나라, 일본, 필리핀 등 아시아 지역 뉴스를 독점했다. 신해혁명 이후 중국인이 운영하는 통신사도 나왔지만 규모는 작았다. 주로 로이터 통신이나 외국 신문에서 받은 뉴스를 번역해 중국 신문사에 팔았다.

1924년 국민당은 '중앙통신사'를 만들었다. 중앙통신사는 전국에 지사를 두었다. 일본 도쿄와 스위스 제네바에 특파원을 보냈다. 영국 로이터, 프랑스 아바스 등과 계약을 맺어 뉴스를 교환했다. 중국 공산당은 1931년 '홍색중화통신사'라는 통신사를 만들었다. 1937년 이름을 '신화통신'으로 바꿨다.

발전하는 신문과 잡지

중국의 신문은 크게 발전했다. 새로운 인쇄 기술을 도입했고 신문
사 조직도 현대적으로 바뀌었다. 서양 신문처럼 광고, 판매 등이 중요
해졌다. 이전에는 신문별로 성격이 명확했다. 어떤 신문은 정치적 주
장을 주로 했다(정론 신문)다. 다른 신문은 상업적 내용 위주(상업 신
문)였다. 점점 두 신문이 차이 나지 않았다. 대부분 신문은 정치적 주
장과 상업 정보를 모두 실었다.

1930년대 이후 신문사는 각자 뉴스를 취재하는 네트워크를 만들
었다. 신문사 인근 지역은 기자를 보내 직접 취재했다. 해외와 먼 지
역의 뉴스는 통신사로부터 받았다. 누가 빨리 보도하느냐 경쟁이 치
열했다. 남보다 먼저 뉴스를 내기 위해 신문사는 직접 전국에 특파원
을 보내기 시작했다.

신문 내용도 풍부해졌다. 뉴스뿐 아니라 오락, 광고, 학술 등 다양
한 기사를 실었다. 기사 내용에 따라 경제면, 체육면, 문화면 등 주제
별로 나누었다. 기사 형식도 달라졌다. 큰 글씨로 제목과 부제목을 뽑
았고, 기사 본문은 작은 글씨로 썼다. 기사 길이는 읽기 쉽도록 짧게
줄였다.

신문사는 직접 독자에게 신문을 배달했다. 먼 지역은 보급소를 두

고 본사에서 보급소에 신문을 보내면 독자에게 배달했다. 주로 철도를 이용했으며 비행기로 나르기도 했다.

잡지도 많이 나왔다. 사진, 라디오, 체육, 여성, 영화, 과학, 예술 등을 전문으로 다루는 잡지가 등장했다. 어린이를 독자로 하는 잡지, 문학 작품을 주로 싣는 잡지도 있었다.

항일 투쟁 시기 언론

1937년 일본이 중국을 침략해 중일전쟁이 발발했다. 중국 안에서 서로 다투던 국민당과 공산당은 싸움을 멈추고 함께 일본에 대항했다. 언론은 중국군 활약을 보도하며 사기를 높였다. 일본군이 점령한 지역에서는 항일 투쟁을 촉구했다. 일본은 항일 신문을 위협하고 금지했다. 신문사를 습격해 건물을 파괴하고, 언론인을 납치, 폭행, 살해했다. 법률 위반을 핑계로 체포해 처벌하기도 했다. 외국인 기자는 추방했다. 항일 신문은 서양인 거주 지역에서 외국인 이름으로 신문을 발행해 탄압을 피했다. 방송국은 일본 점령지를 피해 중국 내륙으로 옮겼다. 미처 피하지 못한 방송국은 적군이 사용하지 못하게 기계를 파괴했다. 통신사도 전시 체제로 바뀌었다. 중앙통신사는 충칭으로 피난했다. 전쟁터에 특파원을 보내 전쟁 상황을 신속하게 전달했다. 신화통신도 공산당 군대 사령부에 지국을 설치해 전쟁 뉴스를 보도했다.

중화인민공화국 수립과 언론

1945년 일본이 패망하고, 중국 국민당과 공산당은 다시 싸움을 시작했다. 1949년 공산당이 승리해 중화인민공화국을 수립했다. 중화인민공화국은 공산주의 사상에 따라 언론을 통제했다. 신화통신과 『인민일보』가 대표적 언론사로 자리 잡았다. 인민일보는 '중국 공산당 중앙위원회'가 발행하는 신문이다. 중국 공산당 정책 홍보, 중국 당국자가 한 이야기를 주로 싣는다. 1985년부터는 외국어로도 발행하기 시작했다.

인민일보는 1997년 '인민당'이라는 인터넷 포털을 시작했다. 2억 5

중국의 대표적인 신문 『인민일보』

천만 명이 이용한다. 2005년에는 '모바일 인민망'을 개통해 휴대 기기에 뉴스를 서비스했다. 여전히 중국 언론은 완전히 자유롭지 않다. 중국은 언론 검열이 심한 나라다. 정부 정책에 반대하거나 공산당에 불리한 기사는 싣지 못한다. 검열을 따르지 않는 사람을 엄히 처벌한다.

일제 강점기 고난을 견뎌낸
우리 언론

사라진 신문

1910년 8월 29일 일본은 대한제국을 병합하고 우리나라 전체 통치권을 빼앗았다. 조선 총독부를 세워 식민지 통치를 시작했다. 황성신문, 제국신문, 대한매일신보는 모두 사라졌다. 대한매일신보는 총독부가 사들여 『매일신보』로 이름을 바꿨다. 매일신보(한글), 『경성일보』(일본어), 『서울 프레스』(영어) 세 신문만 남겼다. 모두 총독부가 발행하는 기관지였다.

지방에는 일본인을 위한 신문만 있었다. 신문들은 일본이 얼마나 우월한가를 선전했고 한국인이 열등하다는 생각을 주입했다. 훗날 이때를 신문이 없는 시대, '무신문기'라 불렀다. 종교, 학문, 기술 등을 다루는 잡지는 계속 발간했지만 뉴스와 시사는 싣지 않았다.

지하 신문이 활약하다

1919년 3월 1일, 한일 병합조약 무효와 한국 독립을 선언하는 만세 운동이 전국에서 일어났다. 그날 독립선언서를 인쇄한 '보성사'에서는 『조선 독립신문』 1만 부를 찍었다. 조선 독립신문은 독립선언서 내용을 실으면 독립운동이 전국으로 퍼져 나가리라 예상했다. 일본 경찰은 신문을 발행한 윤익선(1871~1946)을 바로 체포하고 보성사를 강제로 폐쇄했다. 잡히지 않은 다른 사람은 숨어 다니며 신문을 계속 만들었다. 그들도 발각되면 또 다른 이가 나섰다. 총독부 허가를 무시하는 많은 지하 신문이 뒤를 따랐다. 1919년 말까지 전국에서 수십 개 지하 신문이 생겼다.

신문이 다시 등장

일제는 전국적으로 만세운동과 반란이 이어질까 두려워했다. 1920년부터 우리 백성을 달래기 시작했다. 일본을 잘 따르는 우리나라 사람이나 단체에 신문 발행을 허가했다. 신문으로 끓어오르는 불만과 분노를 식히려 했다. 『동아일보』, 『조선일보』, 『시사 신문』이 새롭게 등장했다. 시사 신문은 금방 없어졌다. 동아일보와 조선일보는 일제가 하라는 대로 따르지 않았다. 동아일보는 스스로 '조선 민족의 표현 기관'이라 여겼다. 민족주의를 강조했고, 민족 고유의 문화가 중요하다고 주장했다. 민족 언론을 주장하던 사람들이 동아일보에 들어갔다. 조선일보는 처음에 친일 기업인 단체가 소유했다. 신문 경영이 어려워지자 1924년 독립운동가 신석우(1895~1953)가 사들였다. 민족주의자이자 독립운동가 이상재(1850~1927)가 사장을 맡았다. 1924년 10월 3일 '혁신호'를 내며 민족 언론으로 다시 태어났다. 우리나라 신문 중에서 처음으로 연재만화도 실었다.

최초로 신문에 연재된 만화 「멍텅구리/헛물켜기」 ⓒ한국민족문화대백과사전

다양한 잡지

1920년대 새로운 잡지가 활약했다. 1920년 천도교에서 잡지 「개벽」을 발행했다. 문학과 정치를 주로 다뤘고 천도교 사상과 민족사상을 높이는 글을 실었다. 개벽은 일본 식민주의를 비판하는 중심이 되었다. 창간호부터 압수되는 고역을 치렀다. 일제는 개벽을 발매금지하고, 정간시키고 벌금을 물렸다. 1926년 결국 강제 폐간되었다. 「신동아」, 「동광」, 「조광」 등도 민족 언론을 내세웠다. 「신여성」은 여성 독자를 대상으로 여성 인권을 주장했다.

일제를 찬양하는 잡지가 더 많았다. 이런 잡지는 1940년대 기준으로 262종이나 되었다. 문예 잡지도 등장했다. 「창조」, 「폐허」, 「백조」가 대표적이었다. 이 세 잡지를 조선 3대 문예지라고도 했다. 우리나라 대표적인 근대 문학 작품이 이 잡지를 통해 세상에 모습을 드러냈다. 최초로 '시'만 실었던 「장미촌」이라는 잡지도 있었다. 단 1회만 발간했다.

여성 기자들

1920년대 기자는 지식인, 선각자로 존경받았다. 기자는 대부분 남성이었다. 1920년 7월 매일신보는 최초로 여성 기자를 모집했다. 이각경(1897~?)은 첫 여성 기자로 뽑혔다. 매일신보는 자랑스럽게 여성 기자를 알렸다. 이름을 걸고 여러 기사를 썼다. 기자 생활이 그리 길지 않았다. 1921년 말부터 이각경이 쓴 기사는 등장하지 않는다.

1924년 최은희(1904~1984)는 조선일보 기자가 되었다. 학생 시절 3·1 운동에 참여했으며 일본 유학 중 학교를 그만두고 기자가 되었다. 최은희는 뛰어난 취재 능력으로 이름을 날렸다. 때로는 변장하고 현장에 몰래 들어가 뉴스거리를 얻었다. 대한민국 정부 수립 후에도 다양한 사회 활동을 이어갔다. 1984년부터 조선일보는 '최은희 여기자상'을 만들었다.

허정숙(1902~1991)은 1925년 동아일보에 입사하여 기자로 활동했다. 현장 취재도 뛰어다녔다. 기자들 모임인 '칠팔구락부'에서 임금 인상을 위해 싸우다 회사를 떠났다. 미국 유학을 다녀온 다음 본격적으로 독립운동에 뛰어들었다. 여러 차례 감옥에 갇혔다. 1936년 중국으로 망명해서 중국 공산당 산하 '팔로군*'에 들어가 일제와 싸웠다. 1945년 이후 북한 정부 수립에 참여했다. 북한 정부에서 중요한 자리를 거쳤다.

격화된 전쟁과 언론 탄압

1931년 일제는 만주를 침략하고 '만주국'이라는 꼭두각시 정권을 수립했다. 일제는 언론을 심하게 통제했다. 일본은 '내지', 일본어는 '국어', 일본군은 '황군'이라고 쓰도록 강요했다. 1937년 일본이 중국을 침략하면서 전쟁은 격렬해졌다. 신문은 일제 선전 도구였다. 조선과 일본이 하나라는 '내선일체'를 강조했다. 강제로 이름을 일본어로 바꾸게 했고(창씨개명), 우리말과 글을 쓰지 못하게 했다. 신문은 조선인에게 제국 신민으로서 의무를 다하라고 강요했다. 일본군에 돈을 내라고 요구했으며 지원병으로 참가하라고 부추겼다. 일본군 사기를 고무하고 격려하는 기사를 실었다.

1938년 주요 신문사와 통신사 대표는 '조선 춘추회'라는 모임을 만

* 1937~1945년에 일본군과 싸운 중국 공산당의 주력부대. 화베이 지방에서 항일 유격전을 담당했다. 국민당과 내전에서 중국 공산당이 승리하는 데 큰 공을 세웠다.

1936년 베를린 올림픽 마라톤에서 손기정 선수가
우승했다. 공식 국적은 일본이었다. 8월 25일 동아
일보는 손기정 선수의 가슴에 단 일본 국기(일장기)
를 지운 사진을 실었다. 이 일로 동아일보는 무기
한 발간이 정지되었다. 『조선중앙일보』도 일장기를
지운 사진을 실었다. 일장기를 없앤 사진을 실은 이
길용 기자 등 8명이 구속되었다. 동아일보 사장, 주
필, 편집국장은 회사를 떠났다. 조선중앙일보는 결
국 문을 닫았다.

일장기를 지운 손기정 선수
사진

들었다. 조선 춘추회를 통해 총독부는 어떤 뉴스를 어떻게 보도할지
통제했다. 1940년 일제는 본격적인 전쟁 대비 태세를 갖추었다. 총독
부 기관지 매일신보만 남기고 다른 우리나라 신문을 모두 없앴다. 동
아일보와 조선일보도 문을 닫았다. 잡지는 「조광」 하나만 살아남았
다. 1941년 일제가 미국 필리핀 진주만을 공습해서 패망할 때까지 언
론은 없는 것이나 마찬가지였다.

언론인은 어떤 대접을 받았나?

언론 자유는 제한되었지만, 언론인은 좋은 직업이었다. 교육 수준

이 높은 사회 엘리트들이 기자 노릇을 했다. 기자는 한 달에 60~70원을 받았다. 간부는 80원이 넘었다. 당시 대학이나 전문학교 졸업자의 월급은 평균 40~50원이었다. 기자 월급은 높은 수준이었다.

기자는 사회적으로도 존경받았다. 사람들은 신문 기사를 믿었다. 신문에 나면 마치 진리인 양 인정했다. '신문을 본다'라는 말은 지적, 사회적으로 지위가 높다는 뜻이었다. 언론인은 권세도 누렸다. 신문사 사장은 장관급 고위 관리 대접받았다. 특히 총독부를 드나드는 기자는 특별히 대접받았다. 지방에 가면 경찰서장이 마중 나올 정도였다.

기자는 때로 친한 사람에게 유리하도록 기사를 썼다. 돈을 받고 없는 일을 지어내기도 했다. 신문 기자는 '믿지 못할 사람'이라는 나쁜 평가도 받았다. 소설가 김동인은 "신문이 겉으로는 '정의 옹호', '민족 표현 기관'등 허울 좋은 표어를 내세우지만, 속으로는 고객 확보를 위해 민족을 팔아먹는 행위도 일삼는다"라고 비난하기도 했다.

대한민국 수립 이후 언론 발전

미군정과 좌우 갈등

1945년 8월 15일, 일본 제국주의는 패망했다. 우리나라는 위도 북위 38도를 기준으로 북쪽에는 소련군이, 남쪽에는 미군이 들어왔다. 미국과 소련 군대가 직접 다스리는 군정을 실시했다. 그동안 일제의 탄압에 막혀있던 언론이 터져 나왔다. 동아일보와 조선일보가 다시 살아났다. 매일신보는 『서울신문』으로 이름을 바꾸고 새롭게 출발했다. 서로 다른 정치적 입장을 가진 신문이 여럿 등장했다. 공산주의나 사회주의를 지지하는 정치 세력(좌익, 좌파)과 자본주의를 지지하는 정치 세력(우익, 우파) 간에 다툼이 치열했다. 이들은 자기를 대표하는 신문을 만들었다. 1945년 11월 25일 창간한 『대동신문』은 대표적인 우익 신문이었다. 좌익 청년들이 이 신문사를 습격하여 인쇄 도구를 부수기도 했다. 조선 공산당 기관지인 『해방일보』, 진보적 민주주의를 표방하는 『조선인민보』 등은 대표적 좌익 신문이었다. 우익 청년은 조선인민보를 여러 차례 습격하고 기계를 파괴했다.

방송국은 군정에서 직접 관리했다. '경성중앙방송국'은 서울 중앙방송국으로 변했다. 방송국 조직도 일본식에서 미국식으로 바꿨다. 라디오 방송은 중요한 정치 선전 도구였다. 이승만은 라디오 연설로 귀국을 알렸고 김구도 라디오로 전 국민에게 귀국 인사를 했다.

전쟁을 겪으며

1948년 군정은 물러났다. 남과 북은 따로 선거를 치러 정부를 수립했다. 1950년 북한은 남한을 침공하면서 6·25 전쟁이 터졌다. 처음에는 신문 발행을 할 수 없었다. 1951년 이후 신문사는 부산으로 인쇄 기계를 가지고 피난 가서 신문을 만들었다. 1953년 휴전협정 이후 신문사는 다시 서울로 돌아왔다. 전쟁 중에 많은 외국인 기자와 외국 신문이 활약했다. 전쟁 기간 중 외국 기자 238명이 들어와 취재했고, 이 중 17명이 목숨을 잃었다. 지금처럼 해외와 통신이 쉽지 않았다. 외국 기자들은 뉴스를 전화로 본국 신문사에 알렸다. 전화 순서가 오려면 한참 기다려야 했다.

종군 기자

기자는 군대를 따라 전쟁터에 나간다. 이들이 쓴 기사와 사진은 역사적 현장을 생생히 담아 전한다. 사회적 반향을 일으켜 세상을 변하게도 한다. 기자가 전쟁터에서 공격받지 않도록 보호하는 국제법이 제정되었다. 만일 기자를 공격하면 전쟁 범죄로 처벌받는다. 하지만 실제 전투에서 누가 기자이고 군인인지 구별하기 어렵다. 무작위로 날아오는 총알과 포탄을 막을 수는 없다. 종군 기자는 전쟁터를 옮겨 다니며 취재를 하다가 목숨을 잃기도 한다. 오늘날에도 전 세계 전쟁터에서 많은 종군 기자가 순직하고 있다.

최병우(1924~1958)는 6·25 당시 종군 기자로 활약했다. 1958년 『한국일보』 소속 종군 기자로 '금문도 분쟁' 현장에 뛰어들었다. 금문도는 중국 본토에서 4km 밖에 떨어지지 않은 대만 섬이다. 중국인민해방군은 1958년 8월 23일 금문도에 포격을 가했다. 대만군도 포격으로 반격했다. 9월 26일 최병우는 금문도로 가기 위해 다른 기자들과 작은 배를 타고 떠났다. 거센 파도로 엔진이 멈추었고 사람들은 물로 뛰어들었다. 최병우 기자는 돌아오지 못했다. 언론인 단체 '관훈클럽'에서 1989년 '최병우 국제보도상'을 만들어 그를 기렸다.

독재 정권과 언론

　전쟁이 끝났지만, 언론은 자유롭지 않았다. 이승만 정권은 1907년 만들어진 광무신문지법을 1952년까지 유지했다. 대한민국 국가 이념과 다른 주장, 정부 정책 위반, 공산당과 북한 정권에 이로운 기사, 우방과 국교를 저해하는 기사, 국위를 손상하는 기사, 민심을 어지럽

게 하는 기사, 국가 기밀을 누설하는 기사는 싣지 못하게 했다. 반국
가 단체 활동을 막기 위한 「국가보안법」도 언론을 통제하는 도구로
쓰였다. 특히 반국가 단체나 구성원이 하는 일을 찬양, 고무, 선전, 선
동한 자를 처벌한다는 규정을 악용했다.

이승만 정부는 정부를 비판하거나 다른 정치적 입장을 지지하는
언론을, 북한을 이롭게 하는 목적이 있다며 몰아 국가보안법으로 처
벌했다. 1955년 대구 지역 신문인 『대구매일신문』은 이승만 정권을
비판했다. 그해 9월 15일 집권 세력은 깡패를 동원해 대구 매일 신문
을 습격했다. 경찰과 검찰은 폭력배를 잡지 않았다. 오히려 신문사 주
필 최석채를 국가보안법으로 구속했다.

1959년에는 『경향신문』을 폐간했다. 경향신문은 20만 부를 발행하

대통령이 아닌 견통령?

인쇄를 위해 낱글자를 골라 배열하는 일을 '식자'라 한다. 식자하다 보면 간혹 잘
못된 글자를 골라 인쇄하는 일이 생긴다. 이를 '오식'이라 한다. 잘못된 글자를 입
력한 '오타'와 비슷하다. 대통령과 관련된 오식은 언론인을 감옥에 보내기도 했
다. 한자로 '대통령(大統領)'이라 쓸 때 큰 '대(大)'와 개 '견(犬)'자가 비슷해 잘 헷갈
렸다. 1953년 전북 『삼남일보』와 청주 『국민일보』는 '이승만 대통령'을 '이승만 견
통령'으로 잘못 인쇄했다. 담당자가 구속되고 신문은 정간했다. 신문사들은 이런
실수를 막기 위해 이승만 이름과 대통령을 아예 세트로 묶어 두었다.

는 우리나라 2위 신문이었다. 권력을 비판하고 부정부패를 폭로했으며 공정한 선거를 치르자고 촉구하는 기사를 썼다. 이승만 정권은 경향신문이 선거제도를 부정하고 폭력을 선동한다고 몰았다. 기자와 신문사 사장을 구속하고 신문을 폐간했다. 그 뒤 무기한 발행 정지 처분을 받은 경향신문은 1년여 만에 다시 발행되어 오늘날까지 이어지고 있다.

힘을 발휘한 잡지

1950년대 잡지는 큰 힘을 발휘했다. 독립운동가 장준하(1918~1975)는 1953년 「사상계」를 창간했다. 민족 통일, 민주 사상 함양, 경제 발전, 새로운 문화 창조, 민족 자존심 양성 등을 목표로 삼았다. 지식인과 학생은 크게 환영했다. 언론 자유를 쟁취하기 위한 싸움에도 앞장섰다. 문학상, 논문상, 번역상을 시상해 문예 활동을 지원했다.

「사상계」(왼쪽)와 「학원-혁신」(오른쪽) ⓒ한국민족문화대백과사전

출판인 김익달(1916~1985)은 나라를 살리려면 청소년을 키워야 한다고 믿었다. 전쟁으로 혼란했지만, 1952년 대구에서 청소년 잡지 「학

원」을 만들었다. 엄청난 인기를 끌어 당시 잡지로는 놀라운 10만 부를 찍었다. 연재소설과 연재만화를 실었다. '학원 문학상'을 통해 많은 학생 작가가 탄생했다. 장학회를 운영해 수많은 인재를 길러냈다. 「현대 문학」, 「문학예술」, 「자유 문학」과 같은 순수 문예지도 등장했다. 잡지는 작가를 발굴하고 키워나갔다.

잠깐 찾아온 언론 자유와 사이비 기자

이승만은 제4대 대통령 선거 결과를 조작해 대통령에 당선되었다. 이 사건이 바로 3·15 부정선거다. 3·15 부정선거에 분노한 학생과 시민은 거리로 뛰어나왔다. 시위에서 목숨을 잃은 '김주열' 학생 사건이 사진과 함께 신문에 실리자 분노는 더욱 커졌다. 결국 이승만은 하와이로 몸을 피하고 새로운 정부가 들어섰다.

새 정부는 언론을 자유롭게 풀어두어서 언론 매체 창간 열풍이 일어났다. 몇 달 만에 신문 수백 개가 생겼다. 광고도 크게 늘었다. 기자 수도 갑자기 증가하면서 자격에 미치지 못하거나, 능력이 없는 기자도 생겼다. '공갈 기자' 또는 '진드기 기자'라 불렸다. 이들은 언론인으로서 기본이 없었다. 신문에 낸다고 협박해 돈을 뜯어 갔다. 돈을 받고 기사를 써주기도 했다. 언론사 역시 자격 없는 곳이 생겨났다. 어떤 언론사는 기자에게 월급을 주지 않았다. 기자증을 파는 언론사도 있었다.

군사 정권과 언론 탄압

5·16 군사 정변으로 정권을 탈취한 박정희 등 군부는 언론을 꽉 쥐었다. 제일 먼저 방송국을 점령해 쿠데타 지지를 보도했다. 사이비 언론을 정화한다는 명목으로 916개에 달하던 언론사를 일간지 39개, 주간지 32개, 통신사 11개로 대폭 줄였다. 정부는 법을 만들어 언론을 통제하려 했다. 언론 단체는 이 법에 격렬히 반대했다. 언론 단체와 정부는 합의하여 법을 제정하지는 않고, 언론 단체가 보도 전 자체적으로 내용을 검토하기로 했다. 이후에도 군사 정권과 언론은 계속 충돌했다. 박정희 정권은 유신 헌법을 만들어 장기 집권을 꾀했다. 이에 반대하는 언론은 탄압했다. 정보기관원이 언론사에 드나들며 기사를 검열했다. 1974년 동아일보 기자들은 어떤 압력에도 굴복하지 않고 언론 자유를 지키겠다고 선언했다. 기관원 출입을 금하고 언론인 불법 연행에 저항했다. 정부는 여러 회사를 불러 더 이상 동아일보에 광고를 싣지 말라고 지시했다. 동아일보는 광고를 비워둔 채 신문을 발행했다. 시민은 개인 광고를 내 동아일보를 지원했다. 하지만 정부 압력을 견디지 못한 신문사는 저항하는 기자를 쫓아냈다. 조선일보 기자도 강제 해직되었다.

東亞日報
廣告申請은
㉑6107
㉑6108

광고가 실리지 못한 『동아일보』지 면에 인쇄했던 광고 신청 문구

인권 운동가, 대학 교수, 시민단체, 해

직 기자 등은 힘을 합쳐 언론 자유를 위해 싸웠다. 암살된 박정희 뒤를 이은 전두환 정권은 더욱더 강하게 언론을 탄압했다. 언론 기관을 통폐합하고 언론인을 강제로 해직했다.

1980년에는 「언론기본법」을 만들었다. 언론이 공공질서를 문란케하는 위법행위를 고무, 찬양하면 정부가 언론사 등록을 취소할 수 있게 했다. 신문이나 방송이 민주화 시위를 좋게 다루면 언론사의 문을 닫게 만들 수도 있는 매우 위험한 법이었다. 민중은 독재에 저항했다. 1987년 6월 항쟁으로 새로운 헌법을 만들었다. 비로소 기본적인 언론 자유를 확보했다.

언론 산업 발전

경제가 발전하면서 언론 산업도 크게 성장했다. 다양한 신문과 잡지가 나왔다. 1960년대부터 경제 규모가 커지자 경제 뉴스만을 전문으로 취재, 보도하는 전문지가 등장했다. 처음 한국일보가 1960년 자매지*로 『서울경제신문』을 발행했다. 많은 경제신문이 뒤를 이었고 스포츠 뉴스만을 다루는 신문도 생겼다. 1963년에는 스포츠 전문 신문인 『일간 스포츠 신문』이 나왔다.

언론사는 신문이나 잡지 외에 다른 사업으로 영역을 넓혔다. 광고,

---

* 한 언론사에서 발행해 밀접한 관계가 있는 신문이나 잡지.

호텔, 제지, 운송, 문화 사업 등을 활발히 벌였다. 재벌 기업도 언론사를 소유하거나 언론사에 투자했다. 광고 시장도 크게 성장했다. 1970년대 말 2천억 원이 조금 넘던 광고비는 1989년에는 2조가 넘게 늘어났다. 광고가 늘자 언론사도 돈을 많이 벌었다. 1980년부터 1989년 사이 10년 동안 언론사는 5~9배 규모로 성장했다. 독자를 늘리고 광고를 따기 위한 경쟁도 치열했다. 신문과 잡지는 광고를 두고 방송과 싸웠다.

언론 산업이 커지자 '권력'이 아닌 '돈'이 언론을 통제하게 되었다. 언론을 소유한 자본은 자기 이익에 맞는 기사를 내려 했다. 언론사는 큰돈을 내는 광고주 눈치를 보고 기사 내용을 바꾸기도 했다. 기자들은 언론사 사주나 광고주 마음에 들지 않는 기사는 피하려 했다. 진실을 빠르게 전하는 언론과 자기 이익을 내세우는 권력, 자본과 갈등은 계속되었다.

인터넷 성장과 새로운 언론 매체

1990년대 이후 정보 통신 기술이 크게 발전했다. 특히 우리나라는 인터넷을 보급하는 속도가 굉장히 빨랐다. 인터넷 환경이 좋아지면서 인터넷으로 뉴스를 제공하는 신문도 생겼다. 종이 신문을 내는 신문사들은 인터넷 신문도 만들었다.

1998년부터 여러 정보를 인터넷 페이지에 모아 놓은 포털 서비스

(네이버, 다음 등)가 등장
했다. 언론사는 포털에
뉴스를 제공하고 돈을
받았다. 포털은 뉴스 화
면에 광고를 붙여 돈을
벌었다. 포털은 인터넷
매체를 끌어들여 점점
몸을 불렸다.

JTBC 유튜브 계정에 다시 보기로 올라온 '뉴스룸' 프로그램, 각 방송사는 유튜브 계정을 운영하면서 뉴스 편집본과 다시보기를 올린다.

　휴대 기기도 널리 퍼졌다. 스마트폰을 이용해 포털에 접속하고, 포털에서 뉴스를 검색해 읽었다. 소셜 네트워크 서비스SNS도 엄청난 속도로 커졌다. 독자들은 관심 가는 뉴스를 SNS에 올리고 퍼트렸다. 세계 최대 동영상 플랫폼인 유튜브도 강력한 뉴스 매체가 되었다. 방송사들은 자기 뉴스를 유튜브에 올렸다.

　사용자는 관심 가는 뉴스만 따로 편집해 여러 사람에게 공유한다. 스마트폰만으로도 쉽게 뉴스를 중계할 수도 있다. 때로는 언론사보다 인터넷으로 새로운 뉴스가 먼저 퍼졌다.

＊ JTBC News , "[다시보기] 뉴스룸 | 대통령실 _도청 의혹, 사실관계 파악이 우선_…조작 가능성도 제기", 유튜브, 2023.04.10. (https://youtu.be/fG6syW0_FdE)

오늘날과 미래의
언론인

오늘날 세계는 점점 빨리 변화하고 있다. 언론 역시 이러한 변화를 따라 모습이 바뀌고 있다. 이제 사람들은 종이로 된 신문보다는 디지털 기기로 인터넷 뉴스를 더 많이 본다. 인공지능이 기사를 작성하기도 한다. 이런 변화 속에서도 변하지 않는 언론인의 역할이 무엇인지 알아본다.

변화하는 언론과 언론 소비자

늘어나는 인터넷 언론

인터넷 신문은 종이 인쇄 대신 온라인으로 웹 페이지에 뉴스를 싣는다. 2005년 처음 문화체육관광부에 정식 등록*한 인터넷 신문이 등장했다. 286개로 시작한 인터넷 신문은 매년 늘어 2020년 기준 9,896개다(「2021 한국언론연감」, 한국언론진흥재단). 전체 정기간행물** 중 인터넷 신문이 차지하는 비율은 2005년 3.8%에서 2020년 43%로 늘었다. 하루에만 약 2만여 개 기사가 인터넷에 올라온다.

종이 신문이나 잡지는 점점 줄어드는 추세다. 2020년 나온 정기간행물 중 종이 신문 비율은 17.8%이다. 인터넷 신문이 종이 신문보다

---

*　　우리나라에서 1년에 2회 이상 신문을 내려면 문화체육관광부에 등록해야 한다.

**　일정한 간격을 두고 연속적으로 출판하는 간행물, 주로 잡지나 신문이다.

2배 이상 많다. 특별한 변화가 없다면 앞으로 인터넷 신문은 더 늘어나고, 종이 신문은 더 줄어들 것이다.

독자는 종이 신문을 보지 않는다

2022년 기준 전체 독자 중 종이 신문을 보는 사람은 9.7%에 지나지 않는다. 텔레비전 뉴스나 시사 프로그램을 보는 사람은 76.8%, 인터넷으로 뉴스를 보는 사람은 77.2%이다. 인터넷 언론을 이용하는 사람이 텔레비전보다 많아졌다(「2022 언론수용자조사」, 한국언론진흥재단).

나이에 따라서도 이용 방식이 다르다. 20대는 종이 신문 3.5%, 텔레비전 뉴스나 시사 프로그램 46.5%, 인터넷 뉴스 92.3%이다. 유튜

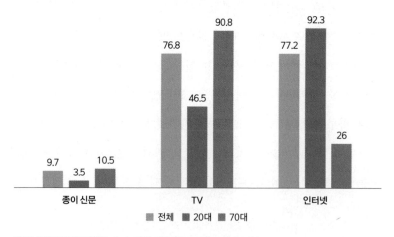

우리나라 독자가 이용하는 뉴스 매체 비율. (「2022 언론수용자 조사」)

브 같은 온라인 동영상 플랫폼에서 뉴스를 보는 비율도 23.3% 나 된다. 70대는 종이 신문 10.5%, 텔레비전 90.8%, 인터넷 26%이다. 동영상 플랫폼은 6.1%이다. 젊을수록 인터넷에서 뉴스를 본다. 인터넷 포털이 가장 큰 뉴스 매체가 되었다. 20~30대 90.9%가 인터넷 포털 뉴스를 이용한다. 71.5% 이상이 인터넷 포털을 '언론'으로 여긴다.

종이 신문은 살아남을까?

10여 년 전부터 많은 사람이 종이 신문은 사라지리라 예측했다. 종이 신문을 읽는 비율은 매년 낮아지고 있다. 종이 신문을 내던 큰 신문사들은 인터넷으로 다양한 서비스를 제공한다. 신문사들은 다양한 '뉴스레터 서비스'를 제공한다. 독자 취향에 맞는 뉴스를 골라 매일, 또는 매주 전자 우편으로 전하는 것이다. 뉴스가 아닌 십자말풀이, 연재만화, 인기 요리사가 알려주는 요리법 등 인기 콘텐츠를 인터넷으로 판매한다. 미국의 이름난 신문 『뉴욕 타임스』는 인터넷 신문 중심으로 탈바꿈했다. 종이 신문도 여전히 발행하지만 전체 구독자 90%, 700만 명 이상이 돈을 내고 인터넷으로 뉴욕 타임스를 본다.

이제 신문사는 종이 대신 인터넷을 주요 매체로 삼는다. 웹 디자이너나 소프트웨어 개발자도 신문사에서 여럿 일한다. 가까운 미래에 종이 신문은 사라질지도 모른다. 종이 신문이 사라져도 뉴스는 여전하다. 뉴스를 전달하는 매체가 변할 뿐이다.

● 언론사에서 일하는 사람들

언론의 심장, 기자

가장 대표적인 언론인은 '기자'다. 기자는 국내, 국외에서 발생한 중요한 사건과 사고를 찾아 원인, 진행 경과, 결과 등을 조사하고 자료를 얻어(취재) 기사를 쓴다. 정부 부서, 경찰서를 드나들며 자료를 구한다. 화재나 태풍 등 재해 현장을 찾아 실제 상황을 알아본다. 전쟁터도 마다하지 않는다. 때로는 독자들이 잘못된 일이나 부당한 사건을 기자에게 알리기도 한다. 기자는 이런 뉴스를 정리해서 신문, 잡지, 방송, 인터넷 플랫폼 등으로 널리 알린다. 사실에 덧붙여 자기 의견이나 비판을 전하기도 한다. 기자는 매체에 따라, 하는 일에 따라, 분야에 따라 나눌 수 있다.

신문 기자, 방송 기자, 잡지 기자

뉴스가 어디 실리느냐(매체)에 따라 '신문 기자', '방송 기자', '잡지 기자'로 나눈다. 신문 기자는 종이 신문이나 인터넷 신문, 방송 기자는 텔레비전이나 라디오, 잡지 기자는 잡지로 뉴스를 알린다. 신문 기자나 잡지 기자는 취재한 뉴스를 글로 쓴다. 한눈에 내용을 알아볼 수 있게 '헤드라인'을 작성한다. 소제목도 정한다. 잘못된 문장, 오자, 탈자도 고친다. 방송 기자는 영상과 더불어 '말'로 뉴스를 전한다. 방송용 차를 타고 현장에 나가 생중계한다. 뉴스 스튜디오에서 영상을 보며 뉴스를 해설하기도 한다. 짧은 시간에 효과적으로 뉴스를 전하기 위해 미리 철저히 준비한다.

취재 기자, 편집 기자, 사진 기자

하는 일에 따라 기자를 나눠 볼 수 있다. 뉴스를 취재하고 기사를 쓰는 기자는 '취재 기자', '보도 기자'다. '편집 기자'는 취재 기자가 쓴 기사를 신문이나 인터넷 화면에서 보기 좋게 배치하고, 사진, 그림, 표 등을 넣어 읽기 좋게 만든다. 기사에 제목을 붙이고 기사 내용을 보충하거나 다듬기 위한 자료를 모은다. 방송을 편집할 때는 시간에 따라 내용을 적절히 줄이는 일을 한다.

기사를 알기 쉽게 만드는 사진을 찍는 '사진 기자'도 있다. 사건 현장, 스포츠 경기, 유명 인물, 예술 작품 등 뉴스가 되는 모든 것을 찍는다. 때로는 사진 한 장이 긴 글보다 효과적으로 뉴스를 전한다. 방송을 위해 영상을 촬영하는 기자는 '촬영 기자'다. 현장 특성에 따라 비행기를 타고 하늘에서 촬영하기도 하고, 때로 바닷속에서 영상을 찍기도 한다.

각 분야별 기자

기자는 주로 취재하는 전문 분야가 있다. '정치부 기자'는 정부 부처, 국회, 정당, 대통령실을 드나들며 취재하고 기사를 쓴다. 매일 발생하는 사건과 사고는 '사회부 기자' 몫이다. 경찰서를 드나들며 사건 현장으로 뛰어다닌다. 기업, 산업, 금융 등 기사는 '경제부 기자'가 쓴다. 방송, 출판, 공연, 전시 문화, 예술계 소식을 전하는 '문화부 기자'도 있다. 체육 소식은 '스포츠부 기자', 외국 뉴스는 '국제부 기자'가 담당한다. 의학이나 법률 등 전문지식이 필요한 분야는 의사나 변호사처럼 자격을 갖춘 기자가 활약한다. 분야 구분이나 명칭은 신문사나 방송사마다 조금씩 다르다.

기사를 고르고 편집하는 데스크

분야마다 책임자가 있다. 보통 부 뒤에 장을 붙여 '부장'이라 한다. 정치부장, 사회부장, 경제부장 등 부서 책임자를 '데스크'라고 한다. 데스크는 취재 기자가 쓴 기사를 검토하고 어떤 기사를 중요하게 취급할지 정한다. 그다음 회사 전체 데스크들이 모여 회의한다. 여기서 기사를 어느 위치에, 얼마나 긴 분량으로 실을지 정한다. 방송 뉴스는 어떤 순서로, 얼마나 오랜 시간을 들여 방송할지 정한다.

데스크 회의를 주관하고 결정하는 사람이 '편집국장'이다. 편집국장은 발행인에게 허락받은 신문이나 잡지를 낸다. 발행인은 뉴스에 문제가 생기면 모든 책임을 진다.

방송사는 보통 '보도본부장'(혹은 보도국장)이 뉴스를 책임진다. 신문사나 방송사 사장은 경영을 총괄하지만, 뉴스 내용을 책임지지는 않는다.

논설위원, 칼럼니스트, 뉴스 캐스터

언론사도 자기 회사 의견을 낸다. 이를 '사설'이라 한다. 뉴스는 객관적이고 한쪽에 치우치지 않게 사실을 보도한다. 사설에서 언론사는 주관적 의견이나 정치적 주장을 펼친다. 사설을 보면 특정 사건을 언론사가 어떻게 바라보는지 알 수 있다.

사설을 쓰는 신문사 직원이 '논설위원'이다. 보통 기자 노릇을 오래 한 노련한 언론인이 논설위원을 맡는다. 논설위원 중 대표자가 '주필'이다.

신문사에 속하지 않은 외부인이 자기 의견이나 생각을 신문에 내기도 한다. 칼럼, 혹은 평론이라 한다. 칼럼을 쓰는 사람이 '칼럼니스트'다. 언론사에서 외부 전문가에게 칼럼을 맡긴다. 때로 독자가 보내온 의견을 싣기도 한다.

방송에서 뉴스를 진행하는 사람이 '뉴스 캐스터'다. '앵커'라 부르기도 한다. 뉴스를 읽는 것뿐 아니라 해설도 한다. 뉴스 캐스터마다 스타일이 다르다.

다른 전문가들

광고는 언론사 운영에 꼭 필요하다. 신문이나 잡지, 방송사에는 광고만을 담당하는 전문가가 있다. 이들은 광고 상품을 만들어 판매하고 운영한다.

신문이나 잡지 판매를 늘리고, 방송 시청률을 높이는 마케팅 전문가도 있다. 인터넷으로 뉴스를 전하고 모바일로 구독하는 독자가 늘면서 정보 기술 전문가, 웹 디자이너 등도 꼭 필요하다. 방송국에는 복잡한 방송 기계를 다루는 전문가가 많다. 이들은 방송이 잘되도록 기계를 운용하고 시설을 관리한다. 방송 품질을 높이는 기술도 연구하고 개발한다.

좋은 언론인이 갖춰야 하는 역량

언론인은 글과 말로 뉴스를 전한다. 독자가 쉽게 이해하게 글 쓰는 능력, 조리 있게 말하는 능력은 꼭 필요하다. 언론인은 사회에서 일어나는 여러 사건을 정확히 알아야 한다. 한쪽 편을 들지 않고 객관적으로 원인과 경과, 결과를 따져야 한다. 사회 현상을 논리적으로 관찰하고 분석하는 능력이 중요하다.

기사를 쓰기 위해서는 여러 사람을 만나야 한다. 만나본 사람들로부터 자연스럽게 사실을 얻어야 한다. 대인관계에 능숙하며 효과적인 의사소통 능력을 갖춘 사람이 유리하다. 뉴스를 취재하는 현장에서는 때로 예상치 못한 일이 생긴다. 당황하지 않고 돌발 상황을 잘 처리하는 임기응변 능력도 중요하다.

언론인, 특히 기자는 시간을 정해놓고 일하지 않는다. 한밤중에라도 사건이 생기면 바로 뛰어나가야 한다. 밤을 새우며 취재하기도 한다. 불규칙한 환경을 견디기 위해서는 건강해야 한다. 사진 기자나 촬영 기자는 시각, 색채 감각에 문제가 없어야 한다.

언론 윤리 헌장

한국기자협회는 모든 언론인이 실천해야 하는 '언론 윤리 헌장'을 선언했다. 중요 내용은 이렇다.

1. 진실을 추구한다.
2. 투명하게 보도하고 책임 있게 설명한다.
3. 인권을 존중하고 피해를 최소화한다.
4. 공정하게 보도한다.
5. 독립적으로 보도한다.
6. 갈등을 풀고 신뢰를 북돋우는 토론장을 제공한다.
7. 다양성을 존중하고 차별에 반대한다.
8. 품위 있게 행동하며 이해 상충을 경계한다.
9. 디지털 기술로 저널리즘의 가능성을 확장한다.

(한국기자협회, http://www.journalist.or.kr/news/section4.html?p_num=18)

잘못을 파헤치고 항상 사실만을 전한다는 정의감이 꼭 필요하다. 언론인은 뉴스로 특정 집단이나 개인에게 피해를 줄 수도 있다. 누구 편을 들지 않는 공정성을 잃으면 안 된다. 진실을 세상에 알려 더 좋은 사회를 만든다는 '소명 의식'을 가져야 한다.

미래에 언론은 어떻게 변할까?

가까운 미래

지난 10년간 언론인, 특히 기자 수는 조금씩 늘어났다. 종이 신문
보다는 인터넷 신문 중심으로 늘어났다. 고용노동부는 2019년부터
2029년까지 기자 및 언론 관계 전문가가 4천여 명 정도 늘어나리라
예측했다(「2021 한국 직업 전망」, 고용노동부).

새로운 뉴스 매체가 등장했고 다양한 분야에 관심을 가진 독자도
늘어났다. 소수 독자가 관심을 가진 뉴스도 늘어났다. 디지털 매체와
소셜 미디어를 활용한 기사 작성과 배포도 활발해졌다.

기술 발전으로 언론은 크게 변화하는 중이다. 언론사에는 현장에
서 취재하는 기자가 아니라 컴퓨터 앞에서 각종 데이터를 분석해 뉴
스거리를 뽑아내는 전문가, 복잡한 자료를 한눈에 잘 들어오도록 표

현하는 전문가가 늘고 있다.

데이터 저널리즘과 인포그래픽

인터넷에는 어마어마하게 많은 자료가 올라와 있다. 정부에서는 각종 통계자료와 정부 정책을 인터넷에 공개한다. 개인은 매일 사진과 글을 올린다. 2010년 이후 방대한 데이터를 분석해서 뉴스거리를 만드는 '데이터 저널리즘'이 등장했다. 데이터 저널리즘은 단순히 평균과 같은 통계 수치를 제공하는 것뿐 아니라 새로운 사실을 발굴한다. 발굴한 정보를 한눈에 알아보기 쉬운 그림, '인포그래픽'으로 표현한다. 인포그래픽은 구체적인 정보를 실용적으로 전달한다.

월드 와이드 웹을 만든 팀 버너스 리는 데이터 분석이 저널리즘이 갈 길이라 주장하기도 했다. 데이터를 분석하는 방법, 데이터를 표현하는 방법, 데이터 활용에 대중이 참여하는 방법 등을 세계 각국 언론인과 학자들이 연구하고 있다.

인공지능으로 기사 쓰기

언론은 기술 발전과 뗄 수 없다. 인쇄술, 전신, 라디오, 텔레비전, 인터넷 등 새 기술이 나올 때마다 언론 매체는 달라졌다. 이제 기술은 매체뿐 아니라 가장 기본적인 글쓰기까지 바꿔 놓고 있다. 기자가 아닌 소프트웨어로 만든 '인공지능'이 기사를 쓰는 세상이 열렸다. 이를 두고 '로봇 저널리즘'이라고 한다.

미국 신문 『LA 타임스』는 지진 관련 소식을 빠르게 전하는 '퀘이크 봇' 소프트웨어를 개발했다. 미국 전역에서 지진이 발생하면 프로그램이 자동으로 기사를 쓴다. 이 기사를 사람이 검토한 다음 적절하면 기사가 실린다. 스포츠 분야에서도 인공지능 프로그램을 사용한다. 언론사는 프로 축구 리그 기사를 쓰는 프로그램, 올림픽 소식을 전하는 프로그램을 몇 년 전부터 사용하고 있다. 프로그램이 정보를 수집해 기사를 쓰는 데는 몇 초면 충분하다. 증권 뉴스 등 빠른 정보 전달이 중요한 분야에서 점점 늘고 있다.

하지만 갈등도 있다. 인터넷 포털에서는 '자동 생성 기사(로봇 기사)'는 정해진 페이지에만 싣도록 했다. 뉴스를 검색하면 로봇이 쓴 기사는 나오지 않게 막았다. 인터넷 포털은 기사가 많이 검색되면 해당 언론사에 돈을 더 줘야 했다. 그래서 자동으로 검색 기사 수를 늘리지 못하게 할 필요가 있다.

이외에도 로봇이 쓴 기사는 질이 떨어진다는 비판도 있다. 그래도 인공지능 기사는 점점 늘어나고 있다. 지금은 인공지능이 자동으로 데이터를 분석하고, 그림을 그리고, 기사를 쓴다. 사람은 어떤 분야를 취재할지 기획하거나, 싣기 전 마지막으로 기사를 검토할 것이다.

『LA 타임스』'퀘이크봇'이 쓴 지진 기사

메타버스 환경과 언론의 미래

코로나19가 유행하면서 '비대면', 온라인 접촉이 당연해졌다. 가상 현실, 블록체인, 암호 화폐 등 최신 기술을 동원해 오프라인 공간을 온라인에 세우는 '메타버스'가 유행했다. 메타버스는 온라인 가상 공간이지만 실제와 흡사하다. 가상 공간에 자신을 대신하는 아바타를 만들어 활동한다. 사람을 만나 놀이를 하고 물건을 사고판다. 특별한 화폐를 사용하기도 한다.

기업도 메타버스에 관심을 가졌다. 스포츠 용품이나 패션 상품을 파는 회사는 이 공간에서 광고한다. 언론 기업도 관심을 가진다. 메타버스에서 방송을 할 수도 있다. 직접 만나야 하는 인터뷰를 메타버스 안에서 아바타를 만들어 진행하는 것이다. 가상 공간을 뉴스 매체로 사용할 수도 있다. 실제로 우리나라 제20대 대통령 선거 개표 방송 때 메타버스 플랫폼을 활용한 바 있다. 또한 시청자 수를 늘리기 위한 마케팅에 활용할 수 있다. 메타버스 플랫폼에 방송국을 지어서 프로그램을 광고하는 등 다양한 시도가 이루어지고 있다. 아직은 좀 멀게 느껴지지만, 미래 커다란 변화가 일어나리라 예측할 수 있다. 언론사들은 회사 시스템을 개선하고, 정보 통신 기술 전문 인력을 채용하고, 직원을 새로 교육하는 등 미래를 준비하고 있다.

　뉴스 매체는 계속 달라졌지만, 뉴스를 수집하고, 정리하고, 전달하는 언론인은 항상 그 자리에 있었다. 언론인은 뉴스로 진실을 전하는 사람이다. 때로는 정치로부터, 때로는 종교로부터, 때로는 돈으로부터 압력을 받았다. 정부가 원하지 않는 뉴스를 실어 감옥에 가기도 했다. 위험을 무릅쓰고 뉴스를 취재하다 목숨을 잃기도 했다. 언론인이 기록한 뉴스는 역사로 남아 계속 전해질 것이다.

어떻게 언론인이 될 수 있나요?

● 우리나라 언론 산업 현황

신문사

2021년을 기준으로 우리나라에는 5,397개 신문사가 있다. 이 중 종이 신문을 발행하는 신문사는 1,313개다. 전체 신문사 중 24.3%이다. 인터넷 신문은 4,084개다. 비율로 하면 75.7%다. 2017년과 비교하면 종이 신문사는 116개가 줄었고 인터넷 신문사는 1,288개나 늘었다. 한 신문사가 여러 개 신문을 내기도 한다. 매체(신문) 수는 총 6,759개다. 인터넷 신문이 5,178개, 종이 신문이 1,587개이다. 역시 종이 신문은 줄고 인터넷 신문은 늘어나고 있다.

신문사는 구독자에게 돈을 받거나, 광고를 싣거나, 다른 사업을 해서 돈을 번다. 우리나라 신문사가 2021년 번 돈은 전부 4조 5백억 원이다. 종이 신문 매출액이 3조 3천8백억이고 인터넷 신문은 6천7백억이다. 종이 신문 매출액이 크다. 가장 큰 수익은 광고에서 온다. 신문사가 번 돈 중 광고 수입이 60%, 신문 구독료와 판매 수익은 17% 정도다.

2021년 신문사에서 전부 43,328명이 일한다. 종이 신문을 내는 신문사에서 22,288명, 인터넷 신문사에서 21,040명이 일한다. 매년 조금 늘고 있다. 직원 중 남성은 64.6%, 여성은 35.4%이다. 정규직은 77.6%, 비정규직은 22.4%이다.

전체 신문사 직원 중 기자직은 28,686명이다. 종이 신문 14,225명, 인터넷 신문 14,461명이다. 남성 기자가 67.3%, 여성 기자 32.7%이다. 전체 기자 중 18,742명은 취재 기자이고 7,500명은 편집 기자다. 교열, 사진, 온라인 등을 담당하는 기자가 1,676명, 논설을 쓰는 사람이 768명이다(「2022 신문 산업 실태조사」, 한국언론진흥재단).

잡지사

2021년을 기준으로 우리나라에는 1,788개 잡지사가 있다. 2015년에는 2,509개였다. 6년 만에 721개가 줄었다. 잡지 수는 총 1,382개다. 잡지사로 등록했지만 내지 않는 회사도 있고 3종류 이상을 내는 회사도 있다. 86.5%는 한 회사에서 잡지 하나를 낸다.

2021년 기준 매출액은 총 6천 7백억 수준이다. 매년 매출액이 줄고 있다. 잡지사는 잡지 판매로 가장 많은 돈을 번다. 매출액 중 41.6%가 잡지 판매 수익이다. 광고를 싣고 버는 돈은 32.2%다.

일하는 사람은 점점 줄고 있다. 2014년에는 18,314명이었는데 2021년에는 6,922명으로 줄었다. 2020년에 비해서도 23.9%가 줄었다. 84.9%는 정규직이다. 비정규직은 4.8%, 프리랜서가 10.3%다. 잡지는 다른 제작 업체에서 만들기도 한다. 잡지사 소속은 아니지만 잡지를 만드는 사람도 1,613명이나 된다. 잡지사 직원 중 기자직은 2,220명으로 전체 35.7%이다. 사진, 편집, 디자인 관련 일을 하는 사람이 1,965명으로 그다음이다(「2022 잡지 산업 실태조사」, 한국언론진흥재단).

통신사

2020년 기준 통신사는 모두 28개가 있다. 28개 통신사 중 '연합뉴스', '뉴시스', '뉴스1'이 주요 통신사이다. 인터넷 포털 기사 중 이 세 회사가 공급하는 뉴스가 37~39%에 달한다. 그 중에서도 '연합통신' 뉴스 비중이 압도적으로 높다.

2013년 기준 통신사에서 일하는 사람은 1,600여 명이었다. 2020년에는 750여 명이 늘어 2,349명이 일한다. 이 중 기자는 1,814명이다. 매출액도 늘어났다. 2013년에는 1천 9백억 원 수준이었던 통신사 매출액은 2천 6백억 원 정도다(「2021 한국언론연감」, 한국언론진흥재단).

● 우리나라 언론인

우리나라 언론인 평균 연령은 40.3세이다. 30대가 39.1%로 가장 많다. 여성 기자 비율은 32%다. 2007년 15.5%에 비하면 2배로 늘었다. 하루 평균 근무시간을 8시간 55분이다. 기자는 일주일에 평균 13~14개 기사를 쓴다. 언론인은 10점 만점에 6.3점 정도 만족도를 보였다. '좀 더 나은 사회를 만드는 데 기여할 수 있어서', '적성에 맞아서', '사회적으로 영향력 있는 직업이라고 생각해서' 언론인이 되었다. 언론인들은 우리나라 언론이 자유롭다고 평가한다. 2021년 기준으로 5점 만점에 3.44점이다. 2018년 이후 올라가고 있다(「2021 한국의 언론인」, 한국언론진흥재단).

언론인이 되려면

의사, 변호사, 교사 등 다른 전문직과 달리 언론인은 자격이나 면허가 없다. 신문사, 방송국, 통신사, 잡지사 등 언론사에 기자로 취업하면 언론인이 된다. 시험 과목과 자격은 회사마다 조금씩 다르다. 언론사 입사 시험을 흔히 '언론 고시'라고도 한다. 시험을 치르려면 대학 졸업 이상 학력이 필요하다. 전공은 특별히 가리지 않는다. 기자가 되려는 지원자는 많다. 한 회사에 수천 명이 지원하고 그중 많아야 십여 명을 선발한다. 경쟁이 매우 치열하다.

시험은 대개 서류전형 → 필기시험 → 면접 순이다. 필기시험이 가장 중요하다. 국어, 외국어 능력은 기본이다. '논술'과 '작문'은 빼놓을 수 없다. 논술은 어떤 현상에 대한 의견을 논리적 근거를 들어 주장하는 글이다. 현재 벌어지는 정치, 사회현상을 문제로 내는 경우가 많다. 작문은 주어진 글감을 가지고 자유롭게 글을 짓는다. 몇몇 단어를 주고 그 단어가 들어가도록 글을 써야 할 때도 있다. 일반 상식 시험도 있다.

논술이나 작문 실력은 하루아침에 늘지 않는다. 오랫동안 많은 글을 읽고 지어 보아야 한다. 오랫동안 잘 팔리는 좋은 책은 빠짐없이 읽는 것이 좋다. 신문 기사도 꼼꼼히 읽어야 한다. 항상 최신 시사 문제가 무엇인지, 그 문제를 해결하기 위해 어떤 답을 내릴지를 생각해 두어야 한다. 혼자서 책을 읽고 글을 쓰는 것보다 모임을 만들어 다른 사람이 쓴 글을 읽고 고치는 훈련을 하면 좋다.

언론사는 기자 외에도 디자이너, 개발자, 마케팅 전문가, 콘텐츠 기획자 등 다양한 분야에서 신입, 또는 경력 사원을 뽑는다. 자신이 들어가고 싶은 언론사가 원하는 자질과 역량을 참고하여 이에 맞게 준비해야 한다.

2부

소리와 영상으로
콘텐츠를 전하는 방송인

방송과 방송인의 등장

19세기 말엽 과학과 기술 발전으로 전파에 소리와 영상을 담아 보낼 수 있게 되었다. 처음에는 특정한 대상에게 신호를 보낼 수 있었다. 제1차 세계 대전을 거치며 한꺼번에 많은 사람에게 신호를 보내는 방송 기술이 무르익었다.

과학 기술 발전이 만들어낸 방송

방송과 방송인

'방송'은 음성이나 영상을 '전파'로 대중에게 전달한다. 방송을 내보내기 위해서(송신)는 기술과 장비가 필요하다. 방송을 듣거나 보려면(수신) 적합한 장치가 있어야 한다.

19세기 후반 과학 기술 발전으로 전파로 신호를 보내고 받을 수 있게 되었다. 전파에 소리를 실어 대중에게 보내기 시작한 것은 20세기에 들어서였다. 방송 관련 사업과 서비스에 종사하는 사람이 새로 생겨났다. 바로 '방송인'이다.

전자기파 발견

1860년대, 영국 이론 물리학자 제임스 클러크 맥스웰(1831~1879)

제임스 클러크 맥스웰

은 전기와 자기에 관해 연구했다. 그는 전기장과 자기장이 '파동'을 만든다고 증명*했다. 이 파동이 '전자기파'다. 전자기파는 공기 속을 빛과 같은 속도로 움직인다. 독일 물리학자 하인리히 헤르츠(1857~1894)는 실험을 통해 전자기파가 실제로 존재한다고 입증했다. 헤르츠는 큰 강당 한쪽 끝에 높은 전압을 만드는 발전기를 장치했다. 다른 쪽 끝에는 전기를 받아들이는 수신기를 설치했다. 두 장치 사이에는 아무런 연결선이 없었다. 발전기를 돌리자 수신기에서 작은 불꽃이 뛰었다. 공기 중으로 전자기파가 전해진 것이다. 전자기파는 주파수에 따라 구분한다. 낮은 주파수 전자기파가 '라디오파' 혹은 '전파'다.

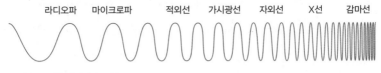

라디오파　　마이크로파　　　적외선　　　가시광선　　　자외선　　　X선　　　감마선

주파수에 따른 전자기파 구분

＊ '맥스웰 방정식'을 만들었다. 19세기 물리학이 이룬 대표적인 성과.

전파에 음성을 싣다

1895년 이탈리아 전기 공학자 마르코니(1874~1937)는 멀리 떨어진 곳까지 전자기파로 신호를 보내는 '무선 전신'을 개발했다. 그는 1896년 영국에 건너가 특허를 낸 다음 사업을 시작했다. 1901년에는 영국에서 보낸 신호를 캐나다 동쪽 끝에서 받는 데 성공했다. 전파가 대서양을 건너 3천여 km를 날아갔다. 대양을 항해하는 선박에 특히 유용했다. 타이타닉호도 침몰할 때 무선 전신으로 구조 신호를 보냈다.

전파에 목소리를 처음으로 실은 사람은 캐나다 출신 발명가 레지널드 페센든(1866~1932)이다. 그는 마이크로 소리를 전기 신호로 바꾸었다. 이 신호를 전파와 결합해 멀리 떨어진 곳으로 보냈다. 그는 1906년 자기 목소리와 음악을 대서양을 항해하는 배에 보냈다. 넓은 지역으로 전파에 소리를 실어 보내는 방송이 탄생했다.

1906년 미국 발명가 디포리스트(1873~1961)는 신호를 강하게 만드는 '3극 진공관'을 발명했다. 진공관을 이용해 더 강력한 전파를 멀리 보낼 수 있었다.

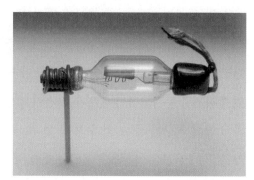

최초의 3극 진공관

방송은 영어로 '브로드캐스팅(broadcasting)'이다. 브로드는 '넓게', 캐스팅은 '보내다'이다. '브로드캐스팅'은 제1차 세계 대전 중 미국 해군에서 나왔다. 해군 본부는 때로 같은 내용을 여러 배에 전해야 했다. 이때 배 한 척마다 일일이 무선 신호를 보내지 않았다. 본부는 신호를 넓게 퍼트려 한 번에 보냈다. 그 신호를 여러 배가 동시에 받았다. 이때 사용한 용어가 브로드캐스팅이다. 브로드캐스팅을 일본인이 '방송'으로 번역했다.

먼 거리로 영상을 전달

영상을 멀리 보내는 기술도 등장했다. 금속 등 물질에 빛을 비추면 전자를 내보내는 현상이 '광전 효과'다. 전자가 이동하면 전기가 흐른다. 1873년 '조지프 메이'는 아일랜드에서 전기 기사로 일했다. 그는 우연히 '셀레늄(셀렌)'이란 물질에 빛이 쪼이면 전기가 흐르는 광전 효과를 발견했다. 작은 셀레늄 판에 전구를 연결한 다음 빛을 비추면 전구가 커진다. 이런 전구 수십 개를 모아 벽에 촘촘히 배치한다. 그 앞에 물건을 둔다고 상상해보자. 물건이 빛을 가린 부분은 전기가 통하지 않아 전구를 켤 수 없다. 빛을 받은 부분은 전기가 통해 전구가 켜진다. 이 현상을 이용하면 전기 신호로 영상을 표현할 수 있다.

1884년 독일 기술자 파울 닙코프(1860~1940)는 간단한 영상을 전기 신호로 보내는 방법을 고안했다. 스코틀랜드 사업가 존 베어드

(1888~1946)는 닙코프가 발명한 원리를 이용해서 1925년 처음으로 텔레비전*을 만들었다. 베어드는 1926년 백화점에서 텔레비전을 전시했다. 대중은 크게 환호했다. 1928년 베어드는

자기가 만든 텔레비전으로 화면을 보내는 존 베어드

런던에서 1,000마일 떨어진 배에 여자 얼굴을 전송했다.

전자식 텔레비전

닙코프와 베어드가 만든 텔레비전은 빛을 통과시키거나 가로막을 때 기계로 만든 장치를 이용했다. '기계식 텔레비전'이다. 1897년 독일 물리학자 페르디난드 브라운(1850~1918)은 전자를 쏘아 빛을 내는 '음극선관'을 발명했다. 음극선관은 브라

브라운관으로 만든 1950년대 텔레비전

* 베어드가 붙인 이름은 '텔레바이저'였다. '텔레'는 멀리 떨어져 있다는 뜻이고, '바이저'는 가리개, 차양을 뜻한다.

음극선관의 뒷모습

운관이라고도 한다. 음극선관에서 나오는 전자가 형광물질에 부딪히면 빛이 나온다. 이 원리로 영상을 표현할 수 있었다. 미국 발명가 필로 판즈워스(1960~1971)는 1927년 음극선관을 활용한 전자식 텔레비전을 발명했다. 1950년대 영상에 색을 입혀 방송하고 수신할 수 있게 되었다.

서양 방송과 방송인

라디오 방송의 시작

제1차 세계 대전 동안 먼 거리에 있는 아군에게 명령을 전달하고
작전을 수행하기 위해서 무선 통신 기술이 크게 발전했다. 전쟁이 끝
나자 본격적으로 라디오 방송이 등장했다. 미국 '웨스팅하우스' 회사
가 1920년 세계 최초로 피츠버그에 라디오 방송국을 열었다. 방송 첫
날 미국 대통령 선거 결과를 중계해 큰 관심을 끌었다. 회사 악단을
만들어 음악 연주를 방송했다. 1922년 미국 라디오 방송국은 5백여
개로 늘어났다.

영국에는 1894년 전화로 연극, 음악, 설교 등을 전하는 '일렉트로
폰' 서비스가 있었다. 방송처럼 많은 사람이 동시에 듣지는 못했지만
여왕도 즐길 만큼 인기를 끌었다.

마르코니 무선 송신기를 검사하는 영국 엔지니어(Cardiff Council Flat Holm Project)

　무선 전신을 발명한 마르코니는 영국에 '마르코니 회사'를 세웠다. 이 회사는 1920년 라디오 방송을 시험하고 1922년 최초로 정식 방송을 시작했다. 같은 해 11월에는 여러 회사가 함께 영국방송주식회사를 만들었다. 영국방송주식회사는 라디오를 팔고 방송 청취료를 받았다. 영국 정부가 다른 방송국을 허락하지 않아서 실질적으로 방송을 독점했다. 1922년 프랑스에서는 정부 소속 '라디오 뚜르 에펠'이라는 방송국이 처음으로 라디오 방송을 시작했다. 독일도 1922년부터 라디오 방송을 시작했다. 역시 정부에서 관리했다.

발전하는 라디오 방송

영국, 프랑스, 독일 등 유럽 주요 국가 라디오 방송은 정부 소속이거나 정부에서 운영하는 '국영방송'이었다. 1927년 영국방송주식회사는 '영국방송공사BBC'로 탈바꿈했다. BBC는 대표적인 공영 방송이었다. 왕실로부터 면허를 받았으며 정부 간섭을 인정했다. 광고를 하지 않았고 대신 청취자로부터 수신료를 받았다. 1950년대 이후에야 민간 방송이 등장했다. 프랑스와 독일도 비슷한 사정이었다.

미국에서는 민간 방송이 성장했다. 1923년 미국 법원은 상업 목적의 라디오 방송을 인정했다. 방송사는 광고를 싣고 광고비를 받았다.

존 리스, BBC 초대 사장

'영국 방송주식회사'와 '영국방송공사' 모두 약자로 BBC지만 성격은 다르다. 처음 BBC는 민간 회사가 모여 만들었다. 나중의 BBC는 왕실 면허를 받고 '국민이 주인'인 '공영 방송'이다.

존 리스(1889~1971)는 방송 주식회사 사장이었다가 방송공사를 만들고 초대 사장이 되었다. 그는 방송을 공공 서비스라고 생각했다. 방송은 '깨어있는 유권자를 육성'해서 '민주주의에 기여'해야 한다고 믿었다. '시민 교육'이 중요하다고 생각해 교육 프로그램을 많이 방송했다. 방송인은 자기 직업에 긍지를 가지고 헌신해야 한다고 이야기했다. 존 리스는 공영 방송이 어떻게 나가야 하는지를 보여주었다. 하지만 엘리트나 지배층이 가진 생각만을 중시했다는 비판도 받는다.

이 돈으로 프로그램을 제작하고 회사를 운영했다.

미국 정부는 전파를 공공 소유물이라 보고 국가에서 관리했다. 1927년에는 「라디오 법」을 만들어 라디오 방송을 관리하는 '연방 라디오 위원회'를 세웠다. 공익성, 편리성, 필요성 등을 따져 방송국에 면허를 주었다. 검열은 할 수 없었다. 미국 민간 방송 사업은 점점 성장했다. 광고도 늘었다. 1920년대 말부터 라디오 방송 프로그램을 얼마나 많이 듣는지 청취율 조사를 시작했다.

텔레비전 방송 등장과 라디오 전성시대

1928년 미국 뉴욕, '제너럴 일렉트릭' 회사에서 만든 '슈넥타디' 방송국이 일주일에 3일, 한 번에 3분씩 송출되는 텔레비전 방송을 시작했다. 1929년 영국 런던에서도 텔레비전 방송을 시작했다. 하지만 1929년 미국에서부터 커다란 경제 위기가 발생했다. 미국 경제 대공황으로 수많은 기업이 망하고 실업자가 넘쳤다. 미국을 넘어 전 세계 경제가 타격받았다. 경제 위기로 텔레비전 산업은 더 이상 크지 못했다. 텔레비전은 라디오의 보조 매체로 자리 잡았다. 라디오 방송 청취자는 늘어났다. 1938년 미국 라디오 보급률은 80%를 넘었다.

1930년대 후반부터 텔레비전 방송이 점점 살아났다. 독일은 1936년 베를린 올림픽을 텔레비전으로 방송했다. 영국 BBC는 1936년 11월 텔레비전 정규 방송을 시작했다. 미국도 1939년 뉴욕 세계 박람

1930년대 라디오 방송 중에서 '드라마'가 큰 인기를 끌었다. 미국 CBS 라디오는 허버트 조지 웰스 원작 소설 『우주 전쟁』을 라디오 드라마로 바꿔 방송했다. 우주 전쟁은 화성인이 지구를 침공하는 내용이었다. 원작 소설을 드라마로 만든 사람은 오손 웰스(1915~1985)였다. 그는 원래 영국이 배경인 원작을 미국으로 바꿨다. 폭발음과 효과음, 다급한 어조, 비명 등이 어울려 드라마는 실감 났다. 10월 30일 저녁 8시 드라마를 시작했다. 시작할 때 '이 사건은 거짓'이라는 것을 알렸다. 하지만 중간부터 듣기 시작한 사람은 뉴스인지 드라마인지 구분하지 못했다. 많은 청취자가 짐을 싸 도망갔다. 총을 들고 싸우기 위해 뛰어나온 사람도 있었다. 방송국에는 수많은 항의 전화와 문의 전화가 몰렸다. 다음 날 『뉴욕 타임스』는 1

면 머리기사로 이 소동을 보도했다. 오손 웰스는 다음날 사과 기자회견을 했다. 훗날 그는 영화배우, 영화감독, 영화 각본가로 이름을 날렸다.

소동 이후 기자회견을 하는 오손 웰스

회 개회식을 중계방송해 큰 인기를 끌었다. 미국 연방 라디오 위원회 FRC는 1934년 연방 통신 위원회 FCC로 이름을 바꿨다. FCC는 1941

년부터 민간 상업 텔레비전 방송을 허용할 계획을 세웠다. 텔레비전이 막 꽃을 피우려 할 때 제2차 세계 대전이 터졌다. 텔레비전이 꽃 피울 시기는 뒤로 밀려나고 말았다.

텔레비전 황금시대가 열리다

제2차 세계 대전이 끝나고 경제가 되살아난 미국은 텔레비전을 대량으로 생산했다. 텔레비전은 백화점이나 상점에서 파는 대표 상품이 되었다. 1948년 미국 전체에 텔레비전 약 17만 2천 대가 있었다. 1949년에는 94만 대, 50년에는 387만 5천대로 매년 몇 배씩 늘어났다. 텔레비전이 사회문제를 일으킨다고 비난하는 사람도 있었다. 아이들이 방송을 모방해서 폭력을 쓴다거나 퀴즈 프로그램이 사행성*을 조장한다고 주장했다.

1950년대가 되면 컬러텔레비전이 모습을 드러냈다. 1951년 미국 전체 95% 지역에서 텔레비전 방송을 볼 수 있었다. 텔레비전 보급 대수는 천만 대를 넘어섰고 광고 수입은 라디오보다 많아졌다.

유럽 텔레비전 방송

영국도 1946년부터 텔레비전 방송을 다시 시작했다. 경제가 어느

---

* 우연한 이익을 얻고자 요행을 바라거나 노리는 성질.

정도 회복된 1950년대에야 텔레비전이 본격적으로 퍼졌다. 1953년 6월 2일 엘리자베스 여왕 즉위식을 BBC TV에서 중계방송했다. 역사상 처음으로 대중이 왕위 계승식을 볼 수 있었다. 영국 성인 56%인 2천만 명이 감상했다. 즉위식 중계방송으로 영국에 텔레비전 시대가 열렸다. BBC만 있던 영국에 1955년 상업방송 ITV가 처음 모습을 드러냈다.

프랑스는 제2차 세계 대전이 끝난 후 '프랑스 라디오 텔레비전 방송국'에서 방송을 독점했다. 국장은 정부에서 임명했고, 돈도 정부에서 받았다. 1964년이 되어서야 민간 방송이 나타났다.

독일 나치 정권은 제2차 세계 대전 동안 방송을 선전 도구로 활용했다. 전쟁에서 패한 독일은 지방마다 공영 방송을 만들었다. 이후 1980년대까지 공영 방송이 주를 이루었다.

막강해진 텔레비전 뉴스

1960년대 텔레비전은 정치 토론을 생중계해 선거에 막대한 영향을 미쳤다. 1960년 미국 대통령 후보인 닉슨과 케네디는 텔레비전 방송에서 토론을 벌였다. 미국 전체 인구의 3분의 1이 시청했다. 자신 있는 태도와 유창한 말솜씨를 보인 케네디가 결국 대통령 선거에서 승리했다.

시청자는 텔레비전으로 역사적 사건을 집에서 볼 수 있었다. 1963

1960년 미국 대통령 선거 토론회 텔레비전 중계방송

년 리 하비 오즈월드가 미국 대통령 케네디를 암살했다. 텔레비전 뉴스는 오즈월드가 케네디를 살해하는 장면을 전국에 보도했다. 1965년 CBS* 기자 '몰리 세이퍼'는 베트남 전쟁에서 미군이 베트남 캄 네 마을을 불태우는 장면을 보도했다. 전쟁의 비극을 생생하게 접한 미국인들은 베트남전에 반대하는 운동을 벌였다.

1980년대 텔레비전 뉴스는 엄청난 인기를 끌었다. 인기 드라마에 붙는 광고 수입보다 뉴스 광고 수입이 더 많았다. 텔레비전 뉴스는 모두가 즐겨 보는 프로그램이었다. 지진, 기근, 홍수 등 자연재해, 사고, 전쟁, 우주 탐험, 바닷속 생물까지 텔레비전 뉴스로 봤다. 24시간 뉴

* 1927년 설립한 미국 방송사. 1960~1970년대 뉴스를 선도했다.

스만 보도하는 채널도 등장했다.

새로운 전송 방식과 변화하는 방송

1980년대 이후 텔레비전과 라디오 방송을 전달하는 방법도 다양
해졌다. 전선으로 연결해 방송을 받아보고 매달 돈을 내는 유료 케이
블 방송이 퍼졌다. 어떤 케이블 방송은 스포츠만 중계했고 다른 케이
블 방송은 영화만 보냈다. 인공위성으로 방송 신호를 보내는 위성 방
송도 생겼다. 위성을 이용하면 전 세계 어디로나 방송할 수 있었다.

1990년대 이후에는 인터넷으로 콘텐츠를 보내는 인터넷 방송이
크게 성장했다. 시청자는 인터넷에 접속해 실시간 방송에 채팅을 남
기며 직접 참여할 수도 있다. 방송 도중 시청자 의견을 물어 그 자리
에서 콘텐츠를 결정하는 프로그램도 나왔다. 방송이 끝나도 녹화된
파일을 언제든지 다시 돌려볼 수 있다.

정보통신 기술 발전은 방송 콘텐츠를 바꾸었다. 개인이 휴대 전화
로 영상을 찍어 바로 중계할 수 있다. 영상 촬영과 편집도 간단히 할
수 있다. 요즘은 누구나 자기 콘텐츠를 만들어 동영상 플랫폼에 올린
다. 이 콘텐츠는 전 세계 누구라도 볼 수 있다.

중국 방송과 방송인

외국인이 세운 첫 라디오 방송국

1911년 신해혁명으로 청나라는 멸망했다. 쑨원이 주도하는 국민당 정부가 중국을 이끌었다. 서양 여러 나라는 상하이를 중심으로 중국 각지에 진출했다. 중국에 들어온 서양인이 처음 중국에서 방송을 시작했다.

1922년 미국 신문 기자 오스본(1891~1957)은 중국인 부자와 함께 상하이에 '상해중국무선전공사'라는 회사를 세웠다. 라디오 수신기 같은 기계 장치를 파는 회사였다. 라디오 수신기를 팔려면 재미있는 들을 거리가 있어야 했다. 이 회사는 라디오 수신기를 많이 팔기 위해 라디오 방송국을 열었다. 장사가 잘되지 않아 3개월 만에 방송국을 닫았다.

오스본은 다음 해 다른 방송국을 열었다. 매일 저녁 한 시간 정도 방송했다. 주로 상하이 지역 뉴스, 오락 프로그램을 방송했고 일요일에는 종교 프로그램도 보냈다. 쑨원이 발표하는 선언문들도 전파를 탔다. 중국이 무선 수신 기계 수입을 금지해 이 방송국도 얼마 가지 않아 문을 닫았다.

1924년 미국인이 운영하는 통신시설 판매회사 '개락양행'이 방송국을 세웠다. 개락양행이 세운 방송국은 유력 신문 신보와 협력했다. 아침에는 환율, 시세, 식품 가격 정보 등을 보도했고, 저녁에는 뉴스와 음악을 방송했다.

초기 중국 라디오 방송

1924년 중화민국 정부는 상업방송국 설립을 허락했다. 중국 대중도 방송에 관심을 가지기 시작했다. 외국인이 듣는 방송에서 중국인을 대상으로 하는 방송으로 변화했다. 청취자도 늘었다. 뉴스와 서양 음악 뿐 아니라 중국 전통 연극, 유행가 등 다양한 프로그램을 방송했다.

1926년 하얼빈에 최초로 중국인이 '하얼빈 라디오 방송국'을 설립했다. 1927년 광둥 상인이 상하이에 '신신광파전대'라는 상업방송국을 열었다. 중국어로 방송국은 '광파전대'다. 주로 오락 프로그램을 방송했다. 이 방송국도 라디오 수신기 판매가 목적이었다. 초기 중국 방송국은 방송보다 라디오 판매가 중요했다. 1927년 당시 중국에는 라디오 1만여 대가 있었다. 라디오는 비싸서 외국인이나 부유층, 고위 관료 아니면 살 수 없었다. 라디오 방송도 소수 계층만 즐길 수 있었다.

국영 방송이 시작되다

1928년 장제스가 이끄는 국민당이 중국 전역을 통일했다. 중국 정치는 안정을 찾았다. 경제 상황도 좋아지면서 라디오 사업도 발전했다. 1928년 국민당 정부는 당시 수도인 난징에 '중앙 라디오 방송국'을 설치했다. 매일 오전과 오후 방송했으며 주 내용은 뉴스와 강연이었다. 뉴스는 국민당에서 운영하는 신문이 제공했다. 정부 주요 정책, 공고, 대국민 홍보 등이 모두 이 방송에서 나왔다. 전국 주요 도시 20여 곳에 지방 방송국도 설립했다. 위에서 아래로 국민당이 하고 싶은 이야기를 전했다. 마치 왕조 시대의 신문, 저보와 같았다.

민간인이 만든 방송

1930년대 초 상하이를 중심으로 민간인이 세워 운영하는 민영 방송이 늘어났다. 민영 방송은 라디오 수신기 판매가 목적이었다. 장사가 잘 안되면 금방 문을 닫았다. 민간 방송국 숫자는 급속히 늘었다. 그 수가 너무 많아져서 국민당 정부는 1934년부터 새로운 방송국을 만들도록 허락하지 않았다.

민영 방송은 광고와 오락 프로그램을 주로 내보냈다. 문화와 과학을 다루는 교육 방송이나 종교 전도를 위한 종교 방송도 있었다. 대중은 오락 프로그램을 좋아했다. 방송사도 청취율을 높이려고 자극적인 내용을 방송했다. 재미있는 이야깃거리를 전하는 '설서'는 빠지지 않았다.

항일 정신을 퍼트린 방송

1931년 일본은 만주를 침략했다. 만주 전역을 점령하고 1932년 '만주국'을 세웠다. 만주국은 일본이 시키는 대로 하는 허수아비 나라였다.

1932년 베이징 라디오 방송국은 오락 프로그램을 중단하고 일본군 침략 사실만 보도했다. 다른 방송도 애국심을 드높이는 드라마, 군대를 위한 모금, 항일 노래를 내보냈다. 1937년 일본이 중국을 침략해 중일전쟁이 발발했다. 당시 중국 내부에서는 국민당 정부와 공산당이 싸우던 중이었는데, 두 당은 싸움을 멈추고 함께 일본에 대항했다.

1938년 국민당 정부는 수도를 충칭으로 옮겼다. 라디오 방송국도 따라 이동했으며 방송으로 중국인에게 용기를 북돋웠다. 1939년에는 '중국의 소리' 방송을 만들었다. 중국의 소리는 유럽, 북아메리카,

소련 동부, 일본, 동남아 지역에 영어, 독일어, 프랑스어, 러시아어, 일본어로 방송했다. 처음 중국에 나온 국제 방송이었다. 1942년에는 '군중지성'이라는 군 전용 방송을 만들었다. 이 방송은 중국군에게 용기를 북돋고 일본군 사기를 꺾는 심리전을 폈다.

방송을 이용한 공산당

1921년 상하이에서 중국 공산당이 탄생했다. 중국 공산당은 반제국주의, 반봉건주의, 인민민주독재 등을 내세웠다. 도시 노동자와 농민, 학생이 주요 지지층이었다. 점점 세력을 키워 1927년부터 국민당 정부와 내전을 벌였다. 1934년에는 국민당에 밀려 옌안까지 도망쳤다. 1937년에는 국민당과 싸움을 멈추고 일본에 대항했다.

오늘날 신화통신사

1940년 공산당은 본거지 옌안에 '옌안 신화 방송'이라는 방송국을 만들었다. 공산당이 운영하는 '신화 통신'이 관리했다. 매일

2시간씩 방송했다. 방송은 공산당 선전에 매우 중요했다. 공산당은 라디오를 나눠주면서 방송을 듣도록 독려했다.

일본 항복 이후 다시 발발한 내전

1945년 8월 15일 일본이 항복했다. 1946년 장제스가 이끄는 국민당과 마오쩌둥이 이끄는 공산당은 중국 전체 패권을 두고 다시 싸우기 시작했다. 공산당은 1947년부터 국민당 군대를 대상으로 선전을 강화했다. 영어 뉴스 프로그램도 만들었다. 1948년 공산당 승리가 굳어졌다. 국민당 소속 방송국은 중국 공산당 손에 들어갔다. 1949년 1월, 국민당 정부는 대만 섬으로 도피했다. 중앙 라디오 방송국도 중요한 장비를 싸 들고 함께 대만 섬으로 건너갔다.

1949년 3월 옌안 신화 방송은 베이징으로 옮겨가 '베이징 신화 방송'으로 재탄생했다. 베이징 신화 방송은 전국을 대상으로 하는 중앙 방송으로 자리 잡았다. 베이징 신화 방송은 1949년 10월 1일 중화인민공화국 탄생을 전국에 중계했다. 당시 중국은 땅이 넓고 산업화 수준은 낮았으며 문맹률이 높았다. 그래서 음성으로 전달하는 방송이 효과적인 소통 수단이었다.

텔레비전 방송 도입

1953년 중국 정부는 외국에 사람을 보내 텔레비전 방송 기술을 익

베이징 CCTV 사옥

혀오게 했다. 1958년 5월 1일 처음 '베이징 텔레비전 방송국'을 열어 텔레비전 방송을 시작했다. 그해 상하이와 하얼빈에도 텔레비전 방송국을 만들었다. 뉴스, 교육, 문예 프로그램을 방영했다. 뉴스 프로그램이 제일 많았다. 베이징 텔레비전 방송국은 1978년 '중앙방송국 CCTV'으로 이름을 바꾸었다. 중앙방송국에서 만든 프로그램을 중국 각 지역 방송국에서 방영했다. CCTV는 현재도 중국을 대표하는 국영방송이다.

중국 방송 암흑기와 부활

1966년부터 10년간 중국은 '문화대혁명'이라는 대 변혁을 거쳤다. 옛 관습과 풍속, 문화를 낡은 유물로 몰아 파괴했다. 책을 불태우고 역사 유산을 부쉈다. 신문과 잡지가 중단됐고 방송도 제한했다. 지방 방송국은 자체 프로그램을 만들 수 없었다. 중앙방송국에서 만든 프로그램만 보냈다. 중앙방송국도 인민일보나 신화 통신 뉴스를 그대로 읽었다. 문화대혁명은 1976년 마오쩌둥이 사망하면서 막을 내렸다. 방송도 암흑기를 벗어났다. 중국 공산당은 방송이 해야 하는 일과 목표를 새롭게 정했다.

성장하는 중국 방송

1980년대 초반 중국 방송은 발전하기 시작했다. 컬러텔레비전 방송도 시작했으며, 영화, 전통 연극, 드라마, 가요, 퀴즈 등 프로그램도 다양해졌다. 1981년 일본 드라마도 방송하기 시작했다. 이후 외국 드라마도 자연스럽게 들어왔다.

1990년대 이후 중국 경제의 발전과 더불어 중국 방송 산업도 성장했다. 중국 방송 시장은 2020년 기준 268억 달러가 넘는다. 21세기 이후 인터넷을 통한 개인 방송이 성황을 이루었다. 인터넷 방송, 온라인 영상 서비스 규모도 크다. 유튜브 같은 개인 방송 이용자는 2020년 기준 5억 명 이상이고 시장 규모는 7조 원이 넘는다.

우리나라 방송과 방송인

일제 강점기에 시작된 우리 방송

우리나라 방송은 일제 강점기에 출발했다. 조선 총독부 체신국*은 무선 라디오 실험실을 만들어 방송을 준비했다. 1924년 11월 29일 처음 라디오 방송을 시험했다. 같은 해 12월 10일에는 '미쓰코시' 상점 3층에 확성기를 설치해 사람들에게 들려주었다.

조선일보도 라디오 방송을 적극적으로 대비했다. 조선일보사는 1924년 12월 17일부터 3일간 일반인에게 라디오 방송 테스트를 공개했다. 방송 듣기를 원하는 사람에게 입장권을 주고 '경성공회당'에 모았다. 사장실을 방송국으로 삼았고 조선일보 소속 여성 기자 최은

---

* 조선 총독부 소속 관청으로 우편, 보험, 전신, 전화, 우체국 저금, 우편환 등에 관한 일을 관리했다.

희가 사회를 보았다. 사장 인사말, 무선 방송 원리 소개, 국악 연주 등을 진행했다. 이 테스트 방송은 엄청난 화제를 불렀다. 방송을 듣고자 3천여 명이 몰렸다. 여러 민간 단체가 라디오 방송을 준비했다.

라디오 방송국 준비 시기

조선 총독부 체신국은 일주일에 이틀간 시험 방송을 계속했다. 무선 통신을 할 때는 반드시 호출 부호를 밝혀 어디에 속한 누구인지 알려야 한다. 그 당시 우리나라의 호출 부호는 'JODK'였다.

1926년에는 최초로 여성 방송원, 아나운서를 모집했다. 이옥경

누구인지 알려주는 호출 부호

무선 통신을 어디서 보내는지 구별하는 부호가 '호출 부호'다. 영어 '콜사인'을 그대로 쓰기도 한다. '국제 전기 통신 연합(ITU)'은 유엔과 협력해 국가 간 전파 사용 규칙과 표준을 개발하고 보급한다. 이 기관은 국가마다 구별할 수 있는 호출 부호를 지정한다. 우리나라는 호출 부호는 대표적으로 'HL'로 시작한다(그 외에도 DS, 6K, 6L, 6M, 6N, D7, D8, D9, DT가 있다). 일본은 'JO'다. 우리나라에서 무선 통신을 하려는 모든 단체나 개인은 '전파관리소'에서 호출 부호를 받아야 한다. 호출 부호는 국제 규칙인 국가 코드(예: HL) 다음 경우에 따라 지역을 나타내는 숫자와 고유 번호로 구성한다. 우리나라 공영 방송 KBS 제 1라디오는 'HLKA'이다. 미국이나 일본에서는 호출 부호를 방송국 이름으로 쓰기도 한다.

(1902?~?)이 체신국에 들어가 첫 여성 아나운서로 활약했다. 라디오
방송에 등장하는 여성 아나운서는 큰 인기를 끌었다. 사람들이 목소
리 주인공을 직접 보려고 몰려들었다. 라디오 시험 방송을 하던 체신
국 무선 전화 방송소 문이 부서지고 유리창이 깨지는 소동이 일어나
기도 했다. 학교와 단체에서 견학도 끊이지 않았다.

시험 방송

체신국의 시험 방송은 일기예보, 강연, 뉴스 보도, 동화 읽기, 국악,
서양 음악 연주 등으로 구성됐다. 방송 시작 시각이 늘 정확하지는 않
았다. 10분~20분씩 늦어도 청취자가 불평 없이 기다렸다. 방송 역시
정해진 형식이 없었다. 가수가 노래하다 목이 메면 잠시 쉬면서 물을
한잔 마시기도 했다. 청취자가 요청하면 한 번 한 방송을 다시 반복하
기도 했다.

1926년부터 라디오 드라마를 시작했다. 방송실 작은 방에 배우가
모여 단막극* 대본을 낭독했다. 배우 한 사람이 여러 역할을 맡았다.
특별한 효과음 없이 목소리만으로 진행했다. 라디오 드라마로 스타
가 되어 훗날 영화와 텔레비전 드라마까지 활약한 배우도 있다.

---

* 보통 연극은 여러 개 '막'으로 구성한다. 단막극은 1막 만으로 이루어진 연극이다. 짧은 드라마도 단
막극이라 한다. 한 드라마가 2회~4회 분량이다.

첫 방송국 개국과 라디오 청취자

라디오 방송이 점점 알려지자 여러 단체에서 방송국을 열고 싶어 했다. 우리나라 민간단체 11개가 모여 방송 사업 허가를 신청했다. 총독부는 이들에게 방송국을 허락하지 않았다. 대신 '사단법인 경성방송국'이라는 단체에 방송국을 허락했다. 1927년 2월 16일 첫 공식 방송을 시작했다. 경성방송국은 겉으로는 민간단체였다. 하지만 이사장을 총독부가 임명했다. 일을 책임지는 간부는 일본 사람이었다. 총독부가 방송국을 실질적으로 관리 감독했다.

방송을 듣기 위해서는 라디오 수신기가 필요했다. 라디오는 사치품이었다. 당시 쌀 한 가마가 5원이었는데 전기 없이 광석을 사용해 만드는 광석 라디오가 10원에서 20원 사이였다. 광석 라디오는 소리가 작고 잡음도 많았다. 진공관과 스피커를 이용한 전자식 라디오는 수백 원이나 했다.

라디오가 있다고 다는 아니었다. 라디오를 가진 사람은 나라에 등록해야 했다. 매달 2원

경성방송국 첫 방송 터 ⓒGapo

씩 내고 '방송 청취 시설허가통지서'를 받아야 합법적으로 라디오 방송을 들을 수 있었다. 청취 허가서는 대문이나 기둥 등 눈에 잘 띄는 곳에 붙여두어야 했다. 1926년 등록 라디오 수는 조선인 소유 336대, 일본인 소유 1,481대였다. 경성방송국 개국 직전 방송 청취 계약을 한 사람은 1,115명이었다. 대부분 일본인이었다.

청취자가 늘어난 라디오 방송

아침 9시 30분 일기예보를 시작으로 정규 방송을 시작했다. 물가, 주식 시세, 연예, 교양 강좌, 음악, 어린이 프로 등으로 꾸몄다. 어떤 프로그램은 일본어로, 어떤 프로그램은 우리말로 방송했다. 일본어 방송이 3배 많았다. 일본어를 알아듣는 우리나라 사람은 별로 없었다. 알아듣지 못하는 방송이 많고, 라디오 수신기는 비쌌다. 매달 내는 청취료와 전기료도 만만치 않았다. 그래서 라디오 청취자는 그리 많지 않았다. 1927년 10월 청취료를 2원에서 1원으로 줄였다. 그래도 청취자가 늘지 않았다. 1930년 말 1만여 명 정도였다. 청취자가 늘지 않아 청취료 수입이 늘 부족했다.

1932년 '사단법인 경성방송국'은 '사단법인 조선 방송협회'로 이름을 바꾸었다. 1933년부터 한 채널은 일본어 방송만, 다른 채널은 우리말 방송만 했다. 우리말 방송을 따로 하면서 청취자가 늘기 시작했다. 1933년 최초로 우리말 스포츠 중계를 방송했다.

> ### 라디오 수리는 방송국에서
>
> 라디오는 비싼 기계였다. 지금처럼 전파상이나 AS센터가 없어 라디오가 고장 나면 고칠 곳이 마땅치 않았다. 사람들은 방송국에 라디오 수리를 요청했다. 방송국에는 라디오 수리를 담당하는 전문 기술자가 있었다. 이들은 의사가 왕진 가듯이 수리를 원하는 집을 찾아갔다. 전국 각지를 다 돌았다. 지방 산골 마을도 빼놓을 수 없었다. 시골에서는 라디오 한 대를 두고 온 마을 사람이 모여 방송을 들었다. 라디오를 고쳐주면 마을 잔치를 벌여 라디오 수리 기사를 후하게 대접했다.

1935년 부산을 시작으로 지방 방송국도 생겼다. 경성방송국은 '경성 중앙방송국'이 되었다. 청취자는 1934년 3만 명을 넘고 1937년에는 10만 명을 돌파했다. 청취료를 1원에서 75전으로 내렸다. 1940년 청취자 20만을 돌파했고, 1941년에는 27만에 달했다. 조선인 청취자 숫자가 일본인 청취자 숫자를 넘어섰다.

방송 검열

우리말 방송은 'JODK 채널 2'에서 내보냈다. 방송인들은 민족 정서를 담는 방송에 힘썼다. 지방 문화와 민족 고유 이야기를 발굴했다. 우리말 방송이 활발해지자 일제는 방송 검열을 강화했다. 조선 총독부는 '방송심의회'를 만들어 방송 전에 미리 내용을 검열했다. 방송국에는 '감청원'을 보냈다. 마음에 들지 않는 내용이 나가면 즉각 방송을 차단했다. 일본 프로그램도 강요했다. 일본 유명 인사 강연을 우리 말로 번역해 방송하게 했다. 어린이 방송 시간에는 일본인 위인 이야 기를 다루게 했다.

중일전쟁이 일어나자 검열과 방송 통제는 더욱 심해졌다. 1941년 태평양 전쟁을 일으킨 일제는 황국 신민, 내선 일체를 강조했다. '전 시 특별 방송 지침'으로 방송 내용을 통제했다. 우리말 방송은 점점 쇠퇴했다.

단파 라디오로 외국 소식을 듣다

진동수* 3~30메가헤르츠MHz 사이 전자파가 '단파'다. 단파는 멀 리까지 도달한다. 외국 단파 방송을 우리나라에서 들을 수 있다. 단파 방송은 '단파 라디오'로 듣는다. 1942년 대한민국 임시정부는 중국 충칭에서 중국 방송국 힘을 빌려 국내로 단파 방송을 했다. "여기는 중국 임시수도에 있는 중경 방송국입니다. 조선 임시정부 우리말 방 송 시간입니다"라는 멘트로 시작했다. 독립운동가 강연, 국제뉴스 등 을 보냈다.

'미국의 소리' 방송도 단파 라디오로 들을 수 있었다. 미국의 소리 방송은 미국 정부에서 외국 국민을 대상으로 운영하는 방송이다. 제2

---

* 전자파가 1초당 몇 번 같은 상태를 반복했는지를 나타낸다. 헤르츠Hz가 단위다. 1헤르츠는 1초당 한 번, 1메가헤르츠는 1초당 백만 번 반복된다.

차 세계 대전 당시 독일 국민에게 독일어로 국제 소식을 전했다. 한국어 방송 시간도 있었다. '백두산 호랑이 시간'이라 했다. 이승만이 하는 연설도 이 방송에 나왔다.

경성방송국에 근무하던 '성기석', '이이덕' 등 우리 기술자가 단파 라디오 수신기를 개발하면서 임시정부 방송과 미국의 소리 방송을 들었다. 이 소식은 방송국 직원 사이로 퍼져나갔다. 여러 사람이 단파 방송을 들었고 이들은 전쟁 소식을 여기저기 알렸다. 소문이 나자 일제 경찰이 조사를 시작했다. 1942년 말부터 방송국 직원 300여 명이 잡혀갔다. 이들은 극심한 고문에 시달렸다. 75명이 유죄 판결을 받았는데 대부분 방송인이었다. 개성 송신소장 이이덕은 고문을 견디지 못하고 옥중에서 사망했다. 성기석은 해방되면서 풀려나왔다.

일제 패망을 방송하다

전쟁 막바지가 되면 연합군 폭격기가 방송 신호를 따라 공격하는 것을 막기 위해 방송 신호를 작게 내보냈다. 채널도 하나만 유지했다. 방송은 전시 선전만 주로 했다. 전쟁은 일본에 불리하게 돌아갔고 일본은 패배하고 있었다. 마침내 1945년 8월 15일 일본은 연합군에게 항복해 일제 식민지 지배도 막을 내렸다. 8월 15일 정오 일본 천황 히로히토는 무조건항복을 선언했다. 항복 선언은 방송으로 전국에 나갔다. 일본어 방송은 침묵했다. 사람들은 거리로 나와 독립 만세를 외

일본 천황의 항복 선언을 듣고 오열하는 일본인들

1945년 8월 15일 마포형무소 앞에서 독립 만세를 외치는 사람들

쳤다. 1945년 8월 16일 경성 중앙방송국 스튜디오에서는 35년 만에 애국가가 울려 퍼 졌다.

미군정 시기 방송

일제 패망 이후 한반도 38도선 이남에 들어온 미군은 경성 중앙방송국과 지방 방송국을 접수했다. 미국 군인이 방송협회 회장으로 방송을 관리, 감독했다. 방송국 조직도 일본식에서 미국식으로 변경했다. 방송 시설과 기계 운용은 일본 강점기와 마찬가지로 조선 방송협회가 담당했다.

1945년 10월 17일 이승만이 귀국했다. 방송으로 이승만 귀국 연설을 전국에 알렸다. 1947년 9월 3일, 국제 무선 통신연맹은 우리나라에 호출 부호로 'HL'을 할당했다. 경성 중앙방송은 이름을 '서울 중앙방송'으로 바꾸고 'HLKA' 호출 부호를 사용했다. 국제 무선 통신연맹으로부터 호출 부호를 할당받은 9월 7일을 '방송의 날'로 기념한다. 1948년 5월 10일 38도선 이남 지역은 총선거를 시행했다. 그해 8월 15일 대한민국 정부를 수립했다. 방송국은 전부 공보처 소속 국영방송이 되었다.

우리 방송인이 등장

해방 후 방송국은 처음으로 방송 기자를 임명했다. 경성방송국 아나운서로 일하던 문제안(1920~2012)이 우리나라 첫 방송 기자가 되었다. 1945년 11월 19일 조선 방송협회는 해방 후 처음으로 방송인을 공개 모집했다. 아나운서, 프로듀서, 방송 작가를 뽑았다. 프로듀서는 방송 프로그램을 기획하고 제작하는 총책임자다. 그때까지 특별히 방송만을 위해 글을 쓰는 작가는 없었다. 방송국에서 방송 작품만 쓰는 전속 작가도 새롭게 뽑았다.

민영 방송 탄생

6·25 전쟁이 발발하자 서울 중앙 방송은 정부를 따라 부산으로 피난했다. 전쟁은 방송 시설, 장비뿐 아니라 방송인에게도 막대한 피해를 줬다. 많은 방송인이 전쟁 중 목숨을 잃었고, 일부는 북쪽으로 납치되었다. 그래도 우리나라 방송인들은 미국의 소리나 유엔군 채널을 빌려 방송했다. 전쟁이 끝나고 방송국은 다시 서울로 올라왔다.

1954년 민간에서 운영하는 첫 방송인 '기독교 방송'이 탄생했다.

기독교 방송은 교리와 복음 전파가 목적이었다. 미국 캘리포니아에 본부를 둔 개신교 단체는 1956년에는 '극동방송'을 만들었다. 극동 방송은 우리말은 물론 영어, 중국어, 러시아어로 선교 방송을 했다. 1959년에는 '부산 문화방송'이 등장했다. 이후 민영 방송은 여럿 늘어났다.

텔레비전 방송 출발

1954년 아직 텔레비전 방송이 없던 때에 처음 텔레비전 수상기가 선을 보였다. 미국의 전자회사 RCA 한국지사는 텔레비전을 전시했다. 1956년 RCA 한국지사는 서울 지역을 대상으로 첫 텔레비전 방송국 'HLKZ TV'를 개국했다. 당시 우리나라에는 텔레비전 수상기 약 300여 대가 있었다. 쌀 1가마가 1만 8천 환*일 때 흑백^{RCA} 텔레비전은 34만 환이었다. 시청자가 거의 없어 방송국을 운영할 수 없었다. 1957년 한국일보에서 사들여 '대한방송주식회사^{DBC}'가 되었다.

1957년 AFKN이 텔레비전 방송을 시작했다. AFKN은 주한 미군 방송이다. 주한 미군을 통해 텔레비전 수상기가 민간에 흘러나왔다. DBC는 1959년 불이 나 방송 장비가 모두 타버렸다. DBC는 AFKN 채널을 빌려 방송을 계속했다.

---

* 1953년 2월 15일부터 1962년 6월 9일까지 사용한 우리나라 통화 단위.

라디오 방송 전성시대

텔레비전 방송을 시작했지만, 아직 대세는 라디오 방송이었다. 1956년 서울 인구 41.5%가 라디오 수신기를 가졌다. 라디오 청취자 50%는 하루 3시간 이상 라디오를 들었다. 정부는 라디오 청취 지역을 넓히기 위해 시골에 '앰프촌'을 만들었다. 앰프촌에서는 마을 복판에 큰 스피커를 설치해 라디오 방송을 틀었다.

1959년 11월부터 국산 라디오를 판매했다. 금성사는 'A-501'이라는 진공관으로 만든 라디오를 제작했다. 첫해 87대를 만들었다. 가격은 6천 환으로 미제 라디오 값의 1/20이었다. 초기 라디오는 성능이 좋지 않아 인기가 없었다. 1961년 정부는 농어촌 라디오 보내기 운동을 펼쳤다. 라디오 보급은 많이 늘어났다. 품질도 좋아져 미제에 버금갔다. 라디오는 대중문화를 대표했다. 서울 중앙방송국에는 관광객이 끊이지 않았다. 아나운서는 최고 인기 직업이었다. 팬들은 인기 아나운서를 만나기 위해 방송국에 길게 줄 섰다.

첫 국산 라디오, 금성사 A-501(문화재청)

1960년 부여읍 라디오 앰프촌 시동식(충청남도)

발전하는 텔레비전 방송

대한방송은 1961년 10월 15일 방송을 중단했다. 직원 대부분과 방송하던 채널 9번은 그해 12월 31일에 문을 연 국영 '서울텔레비전방송국(KBS-TV)'으로 넘어갔다. 처음에는 하루 4시간 방송했다. 영상을 미리 기록해 두었다가 방송하는 녹화 방송 기능이 없었다. 모든 프로그램은 생방송이었다. 1962년 1월에는 방송에 출연하는 연기자를 공개 모집했다. 이후 텔레비전은 본격적인 연예 매체로 성장했다.

민영 텔레비전 방송국도 등장했다. 1964년 12월 '동양 텔레비전(TBC)'이 개국했다. 중앙일보에서 투자한 민간 상업 텔레비전 방송국이었다. 채널 7번(부산 지역은 9번)에서 나왔다. 1969년에는 문화방송 텔레비전(MBC)이 등장했다. 채널 11번이었다.

텔레비전 시대

1970년대는 텔레비전 시대였다. 텔레비전은 문명, 기술, 번영을 상징했다. 1979년 텔레비전으로 인류가 최초로 달에 발을 딛는 장면을 집에서 볼 수 있었다. 텔레비전이 있는 집은 잘사는 집이었다. 저녁마다 텔레비전이 있는 집에 동네 사람들이 모여 함께 시청했다. 청소년들이 제일 좋아하던 곳은 만화 가게였다. 학생들은 학교 수업이 끝나면 만화 가게에 모여 군것질과 만화책에 빠져들었다. 만화 가게에는 반드시 텔레비전이 있었다. 인기 코미디 프로를 방송하거나 스포츠

1970년 TBC TV는 일일 연속극 「아씨」를 방영했다. 1920년대부터 60년대까지 한 가정과 그 집안 며느리들을 그린 연속극이었다. 엄청난 인기를 끌었다. 수도권과 부산 지역 기준 시청률 80%를 돌파했다.

1971년 KBS에서 일일드라마 「여로」를 방영했다. 지적 장애를 가진 남편과 어렵게 시집살이하며 살아가는 여인이 주인공이었다. 「여로」가 방영되면 거리가 썰렁해졌다. 택시 기사도 운행을 멈추고 전파사 앞에서 시청했다. 시청률은 70%였다.

중계가 있는 날은 발 디딜 틈이 없었다.

경제가 성장하면서 소득 수준이 높아졌다. 텔레비전 수상기를 여러 회사가 대량 생산하면서 가격은 싸졌다. 1960년대 후반부터 텔레비전은 많이 보급되었다. 이제 텔레비전은 누구나 가질 수 있는 상품이 되었다. 텔레비전이 대중화되자 프로그램도 보통 서민이 즐길만한 내용으로 변했다. 매일매일 방영되는 '일일드라마'가 큰 인기였다. 1970년대 초부터 뉴스 프로그램을 앵커가 진행하기 시작했다. 앵커는 아나운서가 아닌 기자였다. 현장에 나가 취재하는 방송 기자가 화면에 등장해 뉴스를 전했다.

독재와 방송 통제

어두운 면도 있었다. 1972년 당시 대통령 박정희는 전국에 비상계

엄*을 선언했다. 헌법에 어긋나게 국회를 해산하고 헌법을 정지했다. 대통령에게 막강한 권한을 주는 「유신헌법」을 만들었다. 대통령이 국회의원 1/3을 임명했다. 대통령 선거는 간접 선거로 바꾸었다. 대통령 임기는 6년이고 한 사람이 몇 번이라도 다시 할 수 있었다. 박정희는 종신 대통령과 마찬가지였다.

독재 정권은 국민이 분노와 저항을 막기 위해 방송을 검열하고 통제했다. 국영 방송 KBS를 공영 방송 '한국 방송공사'로 바꾸었다. 방송을 정권 홍보 도구로 활용했다. 뉴스뿐 아니라 드라마 내용도 간섭했다. 정치적 사건을 소재로 삼지 못하게 했다. '새마을 운동' 같은 정부 홍보 내용을 적극적으로 반영했다.

격동하는 80년대 방송

1979년 전두환을 중심으로 하는 군부 세력은 쿠데타로 권력을 장악했다. 반대하는 시민을 학살하고 정권을 잡은 군부 독재 세력은 강력히 언론을 통제했다. 언론사와 방송사를 마음대로 없애고 합쳤다. 민간 방송사를 없애고 공영 방송사로 통합했다.

신문사가 운영하던 방송사는 문을 닫았다. 중앙일보 산하 TBC TV는 KBS 2TV가 되었다. 동아일보에서 운영하던 라디오 방송인 '동아

---

* 군사적 필요나 사회의 안녕과 질서 유지를 위하여 일정한 지역의 행정권과 사법권의 전부 또는 일부를 군이 맡아 다스리는 일.

방송'도 KBS 라디오로 통합되었다. MBC도 본사 주식 65%를 KBS로 넘겼다. 이름은 남았지만, KBS에 속한 셈이었다. 기독교 방송 CBS는 뉴스 보도는 못 하고 선교 방송만 해야 했다. 이 과정에서 일을 그만둔 방송인도 많았다. KBS는 몸짓을 키웠다. 텔레비전 채널이 2개로 늘어났다. 제1 방송은 채널 9번, 제2 방송은 TBC가 쓰던 채널 7번을 이용했다. 제2 방송에서는 상업 광고도 했다. TBC와 DBS가 문을 닫으며 소속 방송인들이 KBS로 들어가 인력도 늘었다.

그래도 발전하는 방송

방송 기술과 콘텐츠는 계속 발전했다. 1980년 12월 11일, KBS 1TV에서 컬러텔레비전 방송을 시작했다. 1980년 12월 말이 되면 KBS1, KBS2, MBC 모두 컬러 방송을 내보냈다. 컬러텔레비전 수상기는 금방 퍼졌다. 1982년 200만 대, 1986년에는 500만 대를 넘어섰다. 전국 가구 51.4%가 컬러텔레비전을 가졌다. 방송 프로그램은 다양해졌다. 화려한 색을 뿜내는 쇼나 오락 프로그램이 늘었다.

1982년에는 프로 야구를 생방송으로 중계했다. 스포츠 중계는 전체 방송에 큰 비중은 차지했다. 특히 주말에는 스포츠 중계를 빼놓을 수 없었다. 1983년 「KBS 특별 생방송 이산가족을 찾습니다」는 전 국민을 사로잡았다. 남북 분단과 전쟁으로 헤어진 가족을 찾는 프로그램으로, 유네스코 세계기록유산으로 선정되었다. 1988년 서울에서 개최된 올림픽은 텔레비전을 녹화하는 비디오 시장을 열었다.

90년대 이후 방송 발전

1991년 다시 민영 방송이 등장했
다. '서울방송 SBS'다. SBS가 개국하
자 텔레비전 방송국은 치열한 시청률
경쟁을 벌였다. 방송사 수입 중에서
광고가 가장 큰 부분을 차지했다. 방

SBS 방송국 개국식(서울역사박물관)

송과 신문은 광고를 두고 경쟁했다. 뉴스 기능을 활용해서 경쟁 매체
를 공격하기도 했다.

1995년에는 '케이블 방송'이 등장했다. 케이블 방송은 전파가 아닌
유선으로 방송을 송신해서 유선 방송이라고도 한다. 케이블 텔레비
전 방송에서 '홈 쇼핑' 프로그램이 모습을 드러냈다. 홈 쇼핑은 소비
자가 집에서 방송을 보고 상품을 골라 전화나 인터넷을 통해 구매하
는 판매 방식이다. 홈 쇼핑은 소비 문화를 뿌리부터 흔들어 놓았다.

1997년 이후 인터넷과 휴대 전화가 대중화되었다. 21세기에 들며
인터넷은 급성장했다. 인터넷 방송 서비스도 늘어났다. 인터넷 방송
은 2000년 4월 기준 350여 개에 달했다. 음악, 교육, 문화, 예술, 오락
등 내용도 다양했다.

2004년에는 휴대 전화로 방송을 수신할 수 있는 'DMB' 방송이

출발했다. 2008년에는 인터넷으로 방송을 송신하는 'IPTV Internet Protocol Television'가 등장했다. 이후 케이블 대신 유, 무선 인터넷으로 다양한 콘텐츠를 서비스

스마트 텔레비전으로 OTT 서비스를 즐길 수 있다.

하는 'OTT over-the-top media service'가 새로운 방송 매체로 자리 잡았다. OTT는 한 나라가 아닌 전 세계를 대상으로 콘텐츠를 제공한다. 2011년에는 종합편성 채널이 만들어졌다. '종편'이라고 줄여 말한다. 원래 유선 방송 채널은 채널마다 특별한 주제를 가진다. 어떤 채널은 영화, 어떤 채널은 교양, 어떤 채널은 보도 등등. 종합편성 채널은 KBS, MBC, SBS처럼 보도, 오락, 교양 등 모든 분야 프로그램을 내보낼 수 있다.

최근에는 인터넷 동영상 플랫폼이 기존 방송을 위협한다. 동영상 플랫폼에는 누구나 콘텐츠를 만들어 올릴 수 있다. 시청자도 전 세계에 있다. 동영상 플랫폼은 재미뿐 아니라 정보를 찾는 데도 유용하다. 동영상 플랫폼이 전통적인 방송 매체를 대신하고 있다.

오늘날과 미래의
방송인

20세기 말부터 인터넷과 정보통신 기술 발전은 방송을 다시 한 번 흔들었다. 라디오와 텔레비전 방송 같은 매체는 힘을 잃고 OTT나 인터넷 방송, 동영상 플랫폼이 위력을 발휘했다. 방송국이 아닌 개인이 쉽게 콘텐츠를 만들어 전 세계에 알릴 수 있게 되었다. 발전하는 과학 기술은 미래 방송을 크게 바꿀 것이다. 이에 따라 방송인이 하는 일도 달라질 것이다.

변화하는 방송과 방송인

요즘 방송, 발전한 방송 수신 기계

과거에 라디오 방송을 듣기 위해서는 라디오 수신기가 필요했다. 텔레비전 방송은 텔레비전 수상기로 감상했다. 이제는 컴퓨터, 스마트폰, 태블릿 PC 같은 정보통신 기기로 방송을 수신한다. 스마트폰 라디오 애플리케이션으로 라디오 방송을 듣는다. 유튜브 같은 동영상 플랫폼에 접속하면 다양한 콘텐츠를 감상할 수 있다. 넷플릭스 같은 유료 OTT 방송 역시 스마트폰용 애플리케이션으로 볼 수 있다. 집에서 텔레비전으로 프로그램을 보다가 외출하면 스마트폰으로 이어 볼 수도 있다. 반대로 밖에서 보던 프로그램을 집에 와서 계속 이어볼 수도 있다.

우리나라 95%가 넘는 가정에 텔레비전이 있다. 하지만 사람들은 텔레비전보다 스마트폰을 중요하게 생각한다. 나이가 젊을수록 더하다. 2022년 기준 10~40대 연령대 중 약 90%에게 텔레비전보다는 스마트폰이 필수다. 60대 이상에서만 텔레비전이 더 중요했다(「2022 방송 매체 이용행태 조사」, 방송통신위원회).

요즘 방송, 다양한 방식

90년대 이전까지 전파로 방송을 보냈다. 큰 안테나 탑이 방송을 상징했다. 땅 위에서 전파를 직접 내보낸다는 의미에서 '지상파 방송'이라 한다. KBS, MBC, SBS와 같은 방송국이 지상파 방송을 한다.

인공위성을 이용해 방송을 중계하는 위성 방송이 있다. 우리나라에는 '스카이라이프' 방송이 위성 방송에 해당한다. 유선 방송은 집집이 선을 이어 방송을 보낸다. 동네마다 서로 다른 유선 방송이 있다. 인터넷을 이용하는 '인터넷 방송'도 있다. IPTV가 대표적이다.

남산 송신탑, KBS 라디오 방송을 송출한다.

인터넷을 제공하는 통신사가 보통 IPTV 방송 서비스를 겸한다. 넷플릭스와 같은 OTT 서비스도 인터넷을 통한다. 유튜브 같은 동영상 플랫폼이나 SNS 서비스를 이용해 개인이 만든 영상을 전하는 개인 방송도 늘고 있다.

요즘 방송, 채널과 주문형 비디오

이전에는 방송이라고 하면 '채널'이었다. 채널은 시간에 따라 정해진 프로그램을 순서대로 방송한다. 그 시간에만 원하는 프로그램을 볼 수 있다. 인기 프로그램이 방송되는 시간에는 거리가 한산해졌다. 신문에는 프로그램 제목과 방송 시간을 알려주는 'TV 편성표'가 꼭 들어갔다.

이제는 대부분 프로그램을 자기가 원하는 시간에 볼 수 있다. '주문형 비디오VOD'라 한다. 주문형 비디오로 한 프로그램을 보다가 중간에 멈출 수도 있다. 연재 드라마 여러 편을 하루에 몰아 보기도 한다.

요즘 방송, 무료와 유료

지상파 방송은 따로 돈을 내지 않는 '무료 방송'이다(단 공영 방송인 KBS는 수신료를 받는다). 동영상 플랫폼이나 SNS 서비스도 무료다. 무료 방송은 대신 광고를 내보내고 광고료를 받아 돈을 번다.

매달, 혹은 매년 정해진 돈을 내고 보는 방송이 '유료 방송'이다. 대부분 유선 방송과 IPTV, OTT 서비스는 유료 방송이다. 광고를 내보내는 유료 방송도 있고, 무료 방송 중에도 돈을 내야만 볼 수 있는 콘텐츠가 있기도 하다.

● 방송국에서 일하는 사람들

방송을 진행하는 사람

방송 프로그램은 크게 '드라마 프로그램'과 '비드라마 프로그램'으로 나눌 수 있다. 드라마 프로그램에는 배우가 나와 여러 역할을 연기한다. 드라마가 아닌 다른 모든 프로그램은 비드라마 프로그램이다. 여기에서 프로그램을 설명하고 진행하는 사람이 방송 진행자다. 아나운서라고 부르기도 한다.

아나운서는 여러 역할을 한다. 쇼나 오락 프로그램에서 '사회자'를 맡는다. MC라고도 한다. 뉴스 보도를 전하는 '앵커' 역할도 한다. 여러 사람을 만나 질문을 하고 대답을 끌어내는 '대담자'로 프로그램을 이끈다. 때로는 토론 프로그램에서 의견을 조정하는 '중재자' 역할도 한다.

스포츠 경기를 맡아 현장 분위기를 생생하게 전하는 아나운서는 '스포츠 캐스터'다. '기상 캐스터'는 일기예보와 날씨 정보를 쉽게 정리해서 방송한다. 밖에 나가 사람을 만나고 이야기를 전달하는 일은 '리포터'가 한다. 홈 쇼핑 채널에서 상품을 소개하고 판매를 촉진하는 '쇼핑 호스트'도 있다. 한 아나운서가 어떤 프로그램에서는 사회자로, 다른 프로그램에서는 중재자로, 때로 쇼핑 호스트로 활동하기도 한다. 큰 방송사에 속해 그 방송사 프로그램을 진행하는 아나운서가 있다. 어떤 회사에 속하지 않은 채 여러 프로그램을 진행하는 아나운서도 있다. 아나운서가 아닌 학자, 법률가, 작가 등 전문가나 유명한 배우나 가수, 스포츠 스타가 진행하는 프로그램도 많다.

목소리로 연기하는 성우

외국 드라마를 우리말로 더빙하거나 라디오 드라마 등에 출연해 목소리로 연기하는 사람이 '성우'다. 만화 영화, 인형극 등 아동 프로그램에도 많이 등장한다. 인기 있는 성우는 화면에 얼굴을 드러내고 방송 진행자로도 활동한다.

프로그램을 만드는 책임자, 피디

화면에 나가지는 않지만, 뒤에서 방송 프로그램을 만드는 사람도 많다. '피디PD'는 프로그램을 만드는 책임자다. 어떤 프로그램을 만들지 계획하고 준비한다. 누가 출연할지, 어떤 내용을 강조할지 등 프로그램 제작에 관한 사항을 결정하고 프로그램을 제작한다. 결과는 피디가 책임진다. 인기 있는 프로그램을 만든 피디는 높은 보수와 인기를 누린다. 피디는 드라마, 교양, 예능, 스포츠 등 저마다 전문 분야가 있다.

프로그램을 구성하고 대사를 쓰는 작가

방송에 나오는 사람들은 미리 쓴 대본에 따라 프로그램을 진행한다. 대본은 방송 작가가 쓴다. 방송 작가 중 드라마 프로그램 대본을 쓰는 작가는 '드라마 작가'다. 교양, 오락, 다큐멘터리 등 비드라마 프로그램을 기획하고 어떻게 진행할지 얼개를 짜고, 출연자가 해야 하는 대사를 쓰는 작가는 '구성 작가'다. 외국 영화나 드라마를 우리말로 번역하는 '번역 작가'도 있다. 단순히 번역하는 것이 아니라 외국인 입 모양에 우리말 대사를 맞추어야 한다.

방송 장비를 다루는 방송 기술자

프로그램을 제작, 방송하기까지 다양한 기계를 활용한다. 방송 영상을 만드는 사람이 '촬영 기사'다. 뉴스나 스포츠 중계에서는 생동감 있는 현장을 담는다. 드라마나 다큐멘터리 프로그램에서는 아름답고 의미 있는 장면을 찍는다.

조명은 멋진 촬영에 꼭 필요하다. 조명 기구를 장치해서 시각적인 효과와 분위기를 살리는 전문가가 '조명 기사'다.

프로그램에 음악도 빠질 수 없다. 프로그램에 어울리는 음악을 고르고, 장면에 어울리는 음악을 작곡하고, 각종 효과음을 녹음하고 편집하는 '방송 음악인'도 중요하다. 이 외에도 화면을 안방 시청자들에게 전달할 때까지 장비를 조정하고 운용하는 등 다양한 분야의 방송 기술자가 있다.

무대와 사람을 꾸미는 일

방송 프로그램은 야외나 현장이 아닌 실내 스튜디오나 무대에서 만들기도 한다. 드라마, 쇼, 교양, 뉴스, 대담 프로그램을 진행하기 위하여 무대를 설치하고 구성하는 일은 '세트 전문가'가 한다.

방송 출연자는 프로그램 내용과 분위기에 맞도록 꾸며야 한다. 이 일은 미용 전문가인 '분장사'가 담당한다. 출연자가 입는 옷, 장신구, 구두 따위를 조화롭게 꾸미는 전문가가 '의상 코디네이터'다. 분장사와 의상 코디네이터는 보통 함께 협력한다.

● 좋은 방송인이란

방송인은 분야가 다양하다. 분야마다 필요한 자질과 역량이 다르다. 방송 진행자, 피디, 방송 작가에게 필요한 역량을 살펴보겠다.

방송 진행자

방송 진행자는 무엇보다도 말을 잘해야 한다. 정확한 발음, 표준어 사용, 풍부한 어휘 구사력이 꼭 필요하다. 순발력과 임기응변에 능해야 한다. 갑자기 화면이 중단될 때, 전화 연결이 안 될 때, 예상치 못한 사건이 발생했을 때 당황하지 않고 프로그램을 진행할 수 있어야 한다. 대본에 얽매이지 않고 때로 즉흥 대사(애드리브)도 자연스럽게 할 수 있어야 한다.

대부분 프로그램은 다른 사람과의 대화로 이루어진다. 자연스럽게 대화를 이끌어 가고, 때로는 우스갯소리로 좋은 분위기를 유도하는 감각도 중요하다. 목소리가 부드러워 편히 듣기 좋으면 더 좋다.

자기가 진행하는 방송 주제에 관해서는 전문가 못지않은 풍부한 지식을 쌓아야 한다. 방송 진행자는 그 프로그램과 방송사를 대표한다. 나아가 시청자에게 모범을 보여야 한다. 책임감과 사명감이 꼭 필요하다.

피디

피디는 콘텐츠 제작을 지휘한다. 다양한 분야에 관심을 가지고 창의력을 발휘해야 한다. 변화하는 방송 기술과 사회 환경을 잘 이해해서 시청자가 원하는 것을 집어내야 한다. 드라마, 예능, 교양 등 자기 분야에 관한 전문 지식은 말할 것도 없다. 끊임없이 정보를 수집하고 공부해야 한다.

프로그램 하나를 완성하려면 수많은 전문가가 필요하다. 피디는 전문가 집단을 이끌고 갈등을 조정해 성과를 만든다. 부드러운 인간

관계와 리더십이 필요하다.

방송 작가

　방송 작가는 글 쓰는 사람이다. 글쓰기 능력은 기본이다. 사람과 사물을 세심하게 관찰하고 표현할 수 있어야 한다.

　일반 작가와 달리 방송 작가는 여러 사람과 함께 일한다. 피디와 다른 제작진과 항상 협력해야 한다. 친화력이 좋고 순발력이 있어야 한다. 다른 사람을 배려해야 프로그램을 성공시킬 수 있다.

　방송 작가는 늘 새로운 것을 만들어내야 하기에 스트레스에 시달린다. 스트레스를 견딜 수 있는 끈기도 중요하다.

미래에 방송과 방송인은
어떻게 변할까?

개인 방송이 여는 미래

지금까지 방송 산업을 주도한 텔레비전이나 라디오는 수요가 점점 줄어드는 중이다. 전통적인 라디오나 텔레비전 방송국에서 일하는 피디, 방송 작가 등은 그리 늘어나지 않거나 오히려 감소하리라 예측한다(「한국 직업 전망 2021」, 고용노동부).

하지만 날마다 새로운 매체가 등장하고, 방송 채널이 늘어나고, 방송 프로그램은 다양해지고 있다. 재미있는 콘텐츠가 가장 중요한 자원이 되었다. 이전처럼 큰 방송국에 들어가지 않아도 자기 이야기를 만들고 사람에게 전할 수 있다. 개인이나 작은 모임에서 만든 콘텐츠를 즐기는 사람도 나날이 늘어나고 있다. 개인 방송으로 방송국 못지않게 시청자를 끌어들이고, 큰돈을 버는 사람도 탄생했다.

2022년 기준, 방송 시청자 72%가 인터넷으로 영상을 감상한다. 이 중 66%는 개인 콘텐츠 공유 플랫폼인 유튜브를 이용한다. 50대 이하에서는

언제 어디에서나 스마트폰만 있으면 영상을 찍을 수 있다.

80%에 달한다. 앞으로 기존 방송 수요는 줄어들지만, 개인 방송과 유튜브 같은 새로운 매체와 콘텐츠의 인기는 더 높아질 것이다. 이런 분야에서 일하는 방송인은 훨씬 더 많은 기회를 얻을 것이다. 이미 기존 방송에서 이름을 날린 방송 진행자, 출연자도 개인 방송에 뛰어들고 있다.

가상 현실과 방송

방송 관련 기술 중에서 소비자가 가장 크게 느끼는 변화는 디스플레이 발전이다. 소형 흑백 브라운관 텔레비전이 대형 LED* 초고해상도**로 탈바꿈했다. 디스플레이는 더 진화 중이다. 여러 연구소와 회사에서 더욱 작고 가볍고, 성능 좋은 디스플레이를 개발하고 있다.

---

*   전압을 가했을 때 빛을 발하는 반도체 소자.

** 디스플레이가 얼마나 선명한지를 나타냄, 해상도가 높을수록 선명하다.

VR^{Virtual Reality} 디스플레이는 스포츠와 공연 등 분야에 널리 쓰이리라 기대한다. 스포츠 경기장에 실제 존재하는 고함과 박수 같은 자연스러운 환경을 방송해 줄 수 있다. 공연도 마찬가지다. 콘서트에 직접 간 느낌을 전할 수 있다. 게임 콘텐츠를 즐기기에도 뛰어나다. 가상 현실 디스플레이로 우리는 지금까지와는 전혀 다른 방송 콘텐츠를 경험할 수 있다. 언젠가는 영화 「아바타」에 나온 가상 현실 경험도 단지 꿈만은 아니다.

인공지능 작가

엄청나게 많은 데이터를 바탕으로 컴퓨터가 학습하고 추론하는 분야가 인공지능이다. 지난 수십 년간 인공지능 기술은 놀랍게 발전했다. 그중에서도 최근 '생성 인공지능' 분야가 관심을 끌고 있다. 생성 인공지능은 컴퓨터가 학습한 데이터를 바탕으로 새로운 것을 만들어 내는 기술이다. 그림을 학습한 인공지능은 새로운 그림을 그리고, 음악을 학습한 인공지능은 작곡한다. 문서를 학습한 인공지능은 글을 쓴다.

2022년 11월 30일 '오픈에이아이 Open AI'라는 회사는 '챗지피티 ChatGPT *'라는 인공지능 프로그램을 발표했다. 질문하면 답을 주는

---

* https://chat.openai.com/auth/login에서 가입한 다음 사용할 수 있다.

'대화Chatting'형, 글을 만들어내는 '생성Generative'형 인공지능이다. 이 프로그램에 사람이 질문하면 그럴듯한 답을 내놓는다. 3천억 개에 달하는 단어와 5조 개가 넘는 문서를 학습해 어떤 단어 다음에 무엇이 나올지를 빠르게 계산한다. 아직은 실수도 있고, 사실이 아닌 이야기를 지어내기도 하지만 보완을 거치면 방송 작가 대신 글을 쓸 수도 있을 것이다. 물론 사람 작가가 프로그램 뼈대를 구성하고, 이야기 주제를 잡아야 한다. 그래도 작가가 정보를 찾아 취재할 때 큰 도움이 될 것이다.

방송 진행자도 가상으로

사람 모습을 가상으로 만드는 기술도 발전했다. 인공 지능 기술을 사용한다. 프로그램은 사진 몇 장을 이용해 실제 인물과 거의 똑같은 가상 인간을 만든다. 목소리도 비슷하게 만들고 말소리에 맞게 입 모양도 변화한다. 진짜 사람인지, 가상 인간인지 구별할 수 없다. 이런 기술을 '딥페이크' 기술이라 한다. 인공지능 기술 중 하나인 '딥 러닝'에서 '딥'을 따 '페이크(거짓)'와 합성한 단어다. 이 기술로 세상을 떠난 가족을 다시 영상으로 살려내기도 한다. 유명인을 가상으로 만들어 광고에 사용하기도 한다. 가상 인물을 만들어 뉴스나 안내처럼 미리 정해진 대본대로 말하는 프로그램 진행도 가능하다.

가상 인간과 합성 음성을 사용해 개인 영상을 만들기도 한다. 미

워싱턴 대학에서 미국 전 대통령 오바마를 딥 페이크로 만든 영상, 왼쪽이 진짜 영상, 오른쪽이 인공지능으로 만든 영상*

래에는 인공지능이 쓴 대본으로 가상 인간이 진행하는 방송을 볼 것이다. 때로는 거짓 선전이나 거짓 영상을 만들어 나쁜 데 쓸 위험도 있다.

＊ Supasorn Suwajanakorn, Steven M. Seitz, Ira Kemelmacher-Shlizerman, University of Washington, SIGGRAPH 2017.

어떻게 방송인이 될 수 있나요?

우리나라 방송 산업 현황

우리나라 방송 산업 규모는 2021년 기준 약 19조 4천억 원으로 매년 성장하고 있다. 이중 KBS, MBC, SBS 등 지상파 텔레비전이나 라디오 관련 방송 사업은 3조 9천 9백억 원(20.6%), 케이블 티비 등 유선 방송 관련 사업은 1조 8천 5백억 원(9.6%), IPTV 관련 사업은 4조 6천 4백억 원(23.9%)이다. 직접 방송하지 않고 채널과 프로그램을 제작해 방송사에 제공하는 '프로그램 공급자(PP)'사업은 7조 5천 5백억 원(38.9%) 정도를 벌어들였다. 그 외에 위성 방송, 지상파 DMB 방송 등도 서비스하고 있다.

2021년 기준 3천 5백만 명이 케이블 티비, IPTV, OTT 등 유료 방송에 가입했다. 한 사람이 여러 개 유료 방송에 가입하기도 한다

(「2022 방송 산업 실태조사 보고서」, 과학기술정보통신부).

인터넷 개인 방송

인터넷 개인 방송은 정부에서 관리하지 않아 정확한 현황을 알기 어렵다. 가장 대표적인 개인 방송 플랫폼 유튜브를 기준으로 살펴보면 2020년 우리나라에서 수익을 창출하는 채널은 97,934개이다. 구독자 1천 명 이상, 구독 시간 4천 시간 이상으로 광고를 넣을 수 있는 채널이 수익 창출 채널이다. 529명당 1명이 유튜브 개인 방송으로 돈을 벌고 있다. 개인 방송을 하는 사람은 꾸준히 늘고 있어서 현재는 이보다 훨씬 많으리라 추정한다. 국내 유튜브 사용자는 4천 3백만 명이 넘는다. 시청자 한 사람당 월평균 30시간 정도를 유튜브 시청에 쓴다. 유튜브 외에도 아프리카 TV, 트위치, 네이버 TV, 카카오 TV, 판도라 TV 등 다양한 개인 방송 플랫폼이 있다.

방송 산업 종사자

방송 산업 전체에서 일하고 있는 사람은 2021년 기준 총 3만 6,592명으로 2020년에 비해 541명 줄어들었다. 방송과 직접 관련된 '방송인' 말고도 회사 운영과 사업에 필요한 여러 분야 인력이 모두 포함된 숫자다. IPTV는 성장세를 보여 지난해보다 인력이 늘었지만 다른 분야는 같거나 조금 줄었다. 방송인만 따져보면 방송 기자가 3,918

명, 피디 4,861명, 아나운서 639명, 제작 관련 전문가 4,637명이 있다. 방송 산업 종사자 중 여성 비율은 약 36.4%이다(『2022 방송 산업 실태 조사 보고서』, 과학기술정보통신부).

인터넷 개인 방송에 콘텐츠를 하나라도 만들어 올린 사람은 약 1,750만 명으로 추정한다. 국내 인구의 33.6%이다. 이 중 약 175만 명이 돈을 벌기 위해서 직업으로 개인 방송을 하고 있다(『크리에이티브의 미래』, 어도비).

방송인이 되려면

방송인이 되는 데 특별한 자격 조건은 없다. 방송사에서는 매년 신입 사원을 뽑는다. 학력, 국적, 나이, 성별과 관계없이 지원할 수 있다. 조건과 기준은 방송사마다 다르다. 한국어 능력 시험 결과와 공인 영어 성적을 요구하는 회사도 있다. 보통 필기시험, 실무 능력 평가(실기)를 거치고 임원 면접을 통과한 사람을 뽑는다. 필기시험 과목은 논술과 작문, 그리고 직무 적성 평가 등이 있다. 아나운서는 카메라 앞에서 테스트하기도 한다.

많은 대학생이 스터디그룹을 짜서 방송사 시험 준비를 많이 한다. 방송사에서 운영하는 '방송 아카데미'에서 공부하면 도움이 된다. 방송 아카데미에서는 피디, 작가, 아나운서, 촬영, 영상 편집 등 방송 여러 분야를 그 분야 전문가가 가르친다. 실제 하는 일을 배울 수 있다.

개인 방송은 누구나 시작할 수 있다. 재미있는 콘텐츠가 있으면 스마트폰으로 찍고 영상을 편집해 올리면 된다. 좀 더 전문적인 카메라, 마이크, 조명을 준비해 자기 스튜디오를 꾸밀 수도 있다. 규모가 큰 개인 방송은 방송작가나 촬영, 편집, 녹음을 담당하는 직원을 고용하기도 한다.

・교과연계 내용・

과목·과정	초등학교
5학년 국어	여러 가지 방법으로 읽어요 / 여러 가지 매체 자료
5학년 사회	옛사람의 삶과 문화 / 사회의 새로운 변화와 오늘날의 우리
5학년 실과	나의 진로
6학년 사회	우리나라의 정치 발전 / 우리나라의 경제 발전 / 세계 여러 나라의 자연과 문화

과목·과정	중학교
사회1	사회 변동과 사회 문제
사회2	인권과 헌법 / 헌법과 국가 기관
역사1	문명의 발생과 고대 세계의 형성 / 지역 세계의 교류와 변화 / 제국주의 침략과 국민 국가 건설 운동 / 세계 대전과 사회 변동 / 현대 세계의 전개와 과제
역사2	선사 문화와 고대 국가의 형성 / 남북국 시대의 전개 / 고려의 성립과 변천 / 조선의 성립과 발전 / 조선 사회의 변동 / 근·현대 사회의 전개
진로와 직업	일과 직업 세계의 이해 / 진로 탐색 / 진로 디자인과 준비

과목·과정	고등학교
세계사	인류의 출현과 문명의 발생 / 동아시아 지역의 역사 / 서아시아·인도지역의 역사 / 유럽 아메리카 지역의 역사 / 제국주의와 두 차례 세계 대전 / 현대 세계의 변화
동아시아사	동아시아 역사의 시작 / 동아시아 세계의 성립과 변화 / 동아시아의 사회 변동과 문화 교류 / 동아시아의 근대화 운동과 반제국주의 민족 운동 / 오늘날의 동아시아
생활과 윤리	사회와 윤리 / 정보 사회와 윤리 / 문화와 윤리
한국사	전근대 한국사의 이해 / 근대 국민 국가 수립 운동 / 일제 식민지 지배와 민족 운동의 전개 / 대한민국의 발전
진로와 직업	일과 직업 세계의 이해 / 진로 탐색 / 진로 디자인과 준비

미래를 여는 경이로운 직업의 역사

널리 알리는 직업 II | 언론인·방송인

초판 1쇄 발행 2023년 4월 28일
2쇄 발행 2023년 10월 25일

지은이	박민규
펴낸이	박유상
펴낸곳	빈빈책방(주)
편집	배혜진 · 정민주
디자인	기민주
일러스트	김영혜

등록	제2021-000186호
주소	경기도 고양시 덕양구 중앙로 439 서정프라자 401호
전화	031-8073-9773
팩스	031-8073-9774
이메일	binbinbooks@daum.net
페이스북	/binbinbooks
네이버 블로그	/binbinbooks
인스타그램	@binbinbooks

ISBN 979-11-90105-55-2 (44190)